艺术设计创新力丛书

宗诚 丛书主编

文创产品设计

宗诚 / 编著

·北京·

内容简介

本书以文创产品设计的理论和实践为基础，结合当前设计领域的发展趋势，详细阐述了文创产品设计的历史背景、理论基础、设计原则、创新方法及其在不同领域中的应用实例，旨在培养读者的创新思维、设计能力和跨领域综合应用能力。本书内容编排合理，案例丰富，不仅能激发读者对文创产品设计的兴趣，还能帮助读者理解和掌握文创产品设计的核心概念与设计方法。同时，书中所提供的设计案例和实践项目能有效地帮助读者将理论知识与实践操作相结合，提升解决实际设计问题的能力。

本书适合作为艺术设计及相关专业的教材，也可供广大设计师、文创产业从业者及对文创产品设计感兴趣的读者参考阅读。

图书在版编目（CIP）数据

文创产品设计 / 宗诚编著． -- 北京：化学工业出版社，2024.8． --（艺术设计创新力丛书 / 宗诚主编）． -- ISBN 978-7-122-45807-0

Ⅰ．G114

中国国家版本馆CIP数据核字第2024CL5625号

责任编辑：徐 娟　　　　　　　　　　装帧设计：朱锦贤　王艺舒
责任校对：李雨函　　　　　　　　　　封面设计：朱新棣

出版发行：化学工业出版社（北京市东城区青年湖南街13号　邮政编码100011）
印　　装：天津市银博印刷集团有限公司
787mm×1092mm　1/16　印张10　字数200千字　2024年9月北京第1版第1次印刷

购书咨询：010-64518888　　　　　　　售后服务：010-64518899
网　　址：http://www.cip.com.cn
凡购买本书，如有缺损质量问题，本社销售中心负责调换。

定　价：68.00元　　　　　　　　　　　　　　　　　　　版权所有　违者必究

丛书序

艺术设计专业从国外引入国内已经有百余年的历史。艺术设计专业的研究领域较为宽泛，随着时代的进步与科技的发展，艺术设计专业也在不断推陈出新，艺术设计相关方向的设计领域也随之应运而生。以视觉传达设计专业为例，历经了从图案系到工艺美术专业，从装潢系到平面设计专业，直到21世纪初期统称为视觉传达设计。从发展的历程可以发现，如今艺术设计专业的边缘越来越模糊化，涉及的范围越来越宽广化，研究的理论越来越深度化，与科技的结合也越来越紧密化。

时至今日，艺术设计专业已经不再是仅以追求"美"为目的，艺术设计教育也不再以教会学生如何去做某一种类设计为目的。艺术设计在当下是一门综合的学科，要培养学生的创新思维和批判思维，提高学生思考问题和解决问题的能力。由此，我们针对艺术设计专业学生的综合素质教育对本丛书进行了规划设置，此批一共包括8个分册，分别为《设计素描》《装饰色彩》《标志设计》《品牌形象设计》《文创产品设计》《海报设计》《插画设计》《导视系统设计》。

时代发展的需求和信息技术的革新对艺术设计提出了新的要求，创新力是艺术设计的唯一出路。本丛书从艺术设计专业领域着手，本着"四新"的原则进行策划与编写，即创新教学观念、革新教学体系、更新教学模式、刷新教学内容，力图在高速发展的现代社会能够立足于实际应用，服务于经济发展。本丛书从基础到进阶、从概念到案例、从理论到实践，深入浅出地呈现了艺术设计相关方向的知识。丛书的编者们将自己多年来教学经验进行梳理和编撰，跟随时代的步伐分析和解读案例，使读者能够学会思考设计、理解设计、完成设计、做好设计。

本丛书的编者主要来自鲁迅美术学院、景德镇陶瓷大学、海南大学、辽宁师范大学、佳木斯大学、大连工业大学、东北师范大学、大连大学、东北大学、塔里木大学、浙江工业大学、大连民族大学等国内高校，既是一线的教育工作者，又是科研型的研究人员。编者在完成日常教学和科研工作的同时，又将自己的教学成果编撰成教材实属不易。感谢读者朋友们选择本丛书进行学习，如有疏漏和不足，敬请指正！

宗诚

2022年5月

前言

在当今社会，文化创意产业作为新兴的经济增长点，已经成为国家软实力和文化竞争力的重要标志。文化创意产品（文创产品）设计作为文化创意产业的核心环节，承担着传承文化、创新传统和提升价值的重要任务。《文创产品设计》一书旨在为广大设计专业的学生、教师以及文创产业的从业人员提供一份全面、系统的指导资料，旨在探索和阐释文创产品设计的理论、方法和实践，以期培养更多具有创新意识和实践能力的设计人才，为文化创意产业的发展贡献力量。

本书围绕文创产品设计的核心要素，通过对文化创意产业的深入分析和对设计实践的系统研究，形成了独特的观点和方法论。本书详细介绍了文创产品设计的概念、特点和价值，明确了文创产品设计在当代社会中的重要地位和作用，为读者深入理解文创产品设计提供了坚实的理论基础。本书对从创意发现到产品实现的全过程进行了详细阐述，重点介绍了需求分析、创意构思、设计开发和产品落地等关键环节。在此基础上，书中还提出了一系列创新设计的方法和策略，如跨界融合、用户参与设计等，旨在激发设计师的创新思维，提高文创产品的设计质量和市场竞争力。书中选取了一系列成功的文创产品设计案例，从不同角度展示了文创产品设计的多样化和创新性。这些案例涵盖了不同文化背景、不同设计理念和不同市场定位的文创产品，旨在通过实例讲解帮助读者深入理解文创产品设计的实践过程，吸取成功经验，启发设计创意。

我深知文创产品设计不仅仅是一种商业行为，更是一种文化行为。它承载着文化传承与创新的使命，影响着社会文化的形态和发展方向。因此，我在编著本书的过程中，始终坚持"以人为本"的设计理念，强调设计的社会责任和文化使命，希望本书能够激发设计师和文创从业者更多的创造激情和社会责任感，共同推动文化创意产业的繁荣发展。

本书为拓展内容，为读者准备了相关内容的数字资源和电子课件，并共享于化学工业出版社官网中，敬请读者自行下载阅读。由于编著者水平有限，疏漏与不足、片面与狭隘之处在所难免，敬请广大读者、学者批评指正。最后，感谢为本书提供支持和帮助的同仁和专家，感谢为本书提供案例的设计师，感谢他们的辛勤工作和宝贵意见。我相信，通过大家的共同努力，文创产品设计将会迎来更加灿烂的明天！

编著者
2024年3月

目录

第一章 根于文化：关于文创产品　001
第一节 文创产品的认知　002
一、文创产品产生的背景　002
二、文创产品的概念　005
三、文创产品的功能　007

第二节 文创产品的特征　011
一、学识广袤　011
二、附加值高　012
三、融合性强　013
四、创意丰富　013
五、社会责任感　014

第三节 文创产品的分类方式　014
一、装饰类文创产品　015
二、互动类文创产品　015
三、食品类文创产品　016
四、服装服饰类文创产品　017
五、文具类文创产品　018
六、复刻类文创产品　018

第四节 文创产品的溯源　019
一、文创产品与创意产品　019
二、文创产品与旅游纪念品　020
三、文创产品与艺术衍生品　020

第二章　包罗万象：文创产品的类型　023

第一节　历史、文化与文创　024
一、基于历史和文化的创意　024
二、地域文化与旅游文创　026
三、影视动漫游戏文创　028

第二节　工艺、美术与文创　031
一、传统手工艺与现代设计结合　031
二、民俗文化的多样性传承再生　034
三、东方美学原理融入日常生活　036

第三节　人文、艺术与文创　038
一、博物馆"玩"出花样翻新　038
二、艺术品"走"进千家万户　040
三、风景区"游"览风光月霁　043

第四节　商业、品牌与文创　045
一、商业产品与文创 IP 联名合作　045
二、商业文化资源的开发转化　047
三、商业品牌理念与文创融合　048

第三章　奇思妙想：文化元素与创意思维　051

第一节　文化元素的重要性　052

一、文化元素在文创产品中的作用　052
二、文化元素的来源和种类　054
三、文化元素的运用方式　058

第二节　文化元素的发掘与提取　062
一、文化元素的发掘方法与标准　062
二、文化元素的深度挖掘与转化　064
三、文化元素的再生与创新　068

第四章　创意赋能：文创产品的设计原则和方法　073

第一节　文创产品的设计原则　074
一、弘扬优秀文化的原则　074
二、打造 IP 品牌的原则　076
三、市场经济导向的原则　078
四、美观兼顾实用的原则　080
五、系列化、多样性的原则　081
六、绿色、环保、安全的原则　083

第二节　文创产品的设计方法　085
一、文化嫁接法　085
二、科技叠加法　087
三、互动益智法　088
四、原型模仿法　091

五、叙事设计法	093

第三节　文创产品的诞生过程　096
一、调研分析　096
二、策略定位　097
三、草图构思　098
四、图纸细化　099
五、实物打样　100

第五章　与众不同：文创产品的创意语汇　103

第一节　形态与象征　104
一、产品形态　105
二、图形语言　106
三、象征意义　108
四、形式与功能　110

第二节　插画的魅力　113
一、插画类文创产品设计原则　114
二、叙事性插画　116
三、装饰性插画　117
四、衍生品类丰富　119

第三节　色彩与表现　122
一、色彩构成　123
二、色彩的象征　125
三、焦点配色　127
四、色彩心理　129

第四节　材质与质感　130
一、材质选择　132
二、质感表现与创新　134
三、文化元素与材质搭配　136
四、可持续性与环保材料　137

第五节　情感共鸣　139
一、情感诉求分析　140
二、情感元素与文化元素　142
三、故事性与情感表达　144
四、情感体验设计　147

参考文献　152

随书附赠资源，请访问 https://www.cip.com.cn/Service/Download 下载。在如图所示位置，输入"45807"点击"搜索资源"即可进入下载页面。

资源下载

45807　搜索资源

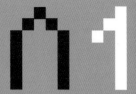

第一章

根于文化：关于文创产品

Design with Culture:
Cultural and Creative Products

第一节　文创产品的认知

一、文创产品产生的背景

文化创意（简称文创）产品的历史渊源根植于文化与创意的交汇，承载着文明的演变和传承。在过去的几个世纪里，人类文化不断演变，而文创产品的产生与这种演变息息相关。文创产品的历史渊源可以追溯到传统手工艺和艺术作品，这些作品常常承载着丰富的文化内涵。手工艺人运用传统技艺将文化元素融入实用品或装饰品中，创造出富有独特魅力的产品（图1-1）。这种传统工艺的延续，为文创产品的发展提供了深厚的土壤。社会对于文化价值的认可与强调也推动了文创产品的兴起。人们逐渐认识到传统文化的珍贵性，希望通过现代的方式将其传承下去。文创产品因其独特的设计和文化内涵，成为连接过去与现在、传统与现代的桥梁，以引导人们对文化的思考和理解。综合而言，文创产品的历史渊源既受传统手工艺的影响，又得益于科技进步和社会文化观念的变革。这些历史元素共同孕育出了当今丰富多彩的文创世界。

图1-1　山西民间布艺老虎

中国文创产品的根源可以追溯到远古时代，具体体现在一些装饰性的古代艺术品，如青铜器、陶器、玉器、丝织品、漆器、字画等。这些艺术品既是当时文化、宗教、习俗和信仰的反映，也与当时的价值观念相契合。从设计学的角度来看，这些作品呈现出明显的中国文化特色，巧妙地运用了当时流行的装饰纹样，成为典型的文创产品。在真正意义上的文创产品出现之前，旅游纪念品和影视衍生品成为文创产品的早期表现方式。20世纪70~80年代，我国迎来了旅游行业初步发展的势头，而当时景区的特色主要体现在旅游纪念品上，这也是当时最典型的文创产品，例如天安门、故宫、长城等景区的装饰纪念品（图1-2）。景区的纪念品主要注重当地特色，设计和创意在其功能中相对次要，其主要作用在于留给消费者一些游览景区的独特回忆。

图1-2　20世纪70~80年代长城纪念品

20世纪90年代初，我国文化迎来多元化发展的时代，新兴文创产业随着电视、电影、游戏等领域的繁荣逐渐崭露头角。以1986年热映的电视剧《西游记》为例，该剧引发的衍生品热潮成为当时文化产业的亮点。然而，这一时期的文创产品附加值较低，创意匮乏，工艺简陋，销售主要依赖传统渠道。但这些尝试与探索为今天文创产品市场的繁荣奠定了基础。在消费者追求文化深度、审美品位的背景下，文创产品不仅是商品，更是文化与创意的结晶，承载着人们对精神层面需求的向往（图1-3）。

随着我国人民生活水平的逐步提高，消费者对于消费多样性的追求逐渐成为社会主流。这种趋势不仅在经济层面为市场带来新的挑战和机遇，更在文化领域引发了一场全新的浪潮。消费者不再仅满足于物质层面的消费，更注重通过产品获取文化体验与认同感，这推动了旅游文创产品的崛起。这些产品不仅形式多样，而且创意独特，通过设计引发消费者对陌生文化的好奇心。这一阶段的发展为旅游文创产品奠定了坚实的基础，将文化创意与实用性融为一体，成为消费者文化认同的重要表达。

图 1-3　20 世纪 90 年代首饰盒

在文创产业概念初次正式提出的背景下，英国成为这一理念的先行者（图 1-4）。步入新千年之际，英国政府启动了对未来竞争力和增长点的探索。相较于其他国家，英国最大的优势在于其丰富的文化底蕴。要充分利用和开发这一文化优势，创意成为关键。为了通过创意产业刷新文化产业，以创意产业引领其他产业的发展，英国于 1997 年组

图 1-4　英国国家博物馆文创店（Lumsden Design）

建了创意产业工作组（Creative Industry Task Force）。1998 年，该工作组发布了《英国创意产业路径文件》（Creative Industries Mapping Documents），首次明确提出了"创意产业"（Creative Industries）的概念，并预示创意产业将成为英国经济规模最大、增长最快的领域。创意产业的概念不仅在全球产生了广泛的影响，也在实践中推动了文创产品的创新与发展。文创产品在创意产业引领下逐渐崭露头角，成为文化产业中一支新生力量。在英国的实践中，创意产业的发展为文创产品提供了广阔的市场空间和创作土壤。这也在一定程度上激发了其他发达国家对文创产品价值的深刻认知，并纷纷加大对创意产业的投入。

近年来，我国的创意经济持续升温，文创产业逐步崛起并展现新的发展态势。在国家政策层面，"十二五"规划纲要强调，推动文化产业成为国民经济支柱性产业，增强文化产业整体实力和竞争力。这不仅彰显了政府对文创产业的高度重视，也为文创产品在国内创造了更有利的发展环境。各地城市纷纷响应国家政策，制定文创产业发展战略，将其视为未来城市发展的支柱产业进行有序培育。这为我国文创产业的蓬勃发展提供了战略引导和政策支持。我国在全球创意产业浪潮中迈出了坚实的一步，展现了在文创领域的巨大潜力。各方面资源的整合也为文创产业的多元化发展开启了新的篇章。

二、文创产品的概念

文创产品原本指通过创意设计将文化内容转化为生动有趣、富有实用功能的产品，旨在传承文化的同时创造独特的消费体验。这一概念的扩展已经超越了传统商品的层面，更是设计、创意和文化紧密交融的产物。它不仅仅是商品，更是一种深刻的文化表达形式，通过对文化元素的巧妙提炼和文化资源的整合，运用设计语言传递深层文化内涵（图1-5）。

在广义上，文创产品不再仅仅被视为商品，更是文化和创意的象征。以热销的北京故宫文创产品为例，它们不仅具备实用性，更融入对中华传统文化的现代理解，成为当代文化表达的杰出代表。这样更深层次的文化融合不仅要求设计师具备卓越的专业技能，更需要对文化内涵有着敏锐的嗅觉。狭义上，文创产品是设计师进行艺术创作的产物，通过对文化元素的独特运用，创造出具有实质性文化内涵的有形产品。例如，旅游景区文创店中的书签、纸胶带、马克杯、文化衫等商品都是这一理念的具体呈现（图1-6）。这类产品的设计不仅注重实用性，更注重设计师对文化元素的深刻理解，使其审美价值得以彰显。

图 1-5　2020 年迪拜世界博览会文创产品

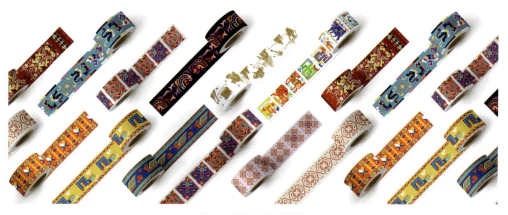

图 1-6　民族风图案纸胶带

从行业的发展看,文创产品的创意已经成为其最为关键的元素,也是业界的共识。文创设计如今是中国设计领域的焦点话题,设计师通过对原始文化的美学特征、人文精神和文化元素的运用，结合自身对文化的理解和诠释，将其融入产品中，最终创造出富有文化创意的产品（图1-7）。文创产品不仅仅是商品，更是对文化的一种表达形式，通过将无形的文化元素赋予有形的产品，重新组合和解读，为产品赋予新的面貌和价值，成为一种崭新的产品表达形式。这种新型的产品表达形式既提升了商品的文化内涵，也拓展了产品在市场上的影响力。

图1-7　藏族服饰冰箱贴（张嘉怡）

三、文创产品的功能

文创产品以其独特的设计和文化内涵的融合，展现了多元的功能特性，从审美体验到文化传承，包括以下方面的重要功能。

1. 审美体验和艺术性

文创产品通过巧妙的设计、独特的外观和富有艺术性的元素，为消费者提供引人入胜的审美体验。审美体验不仅局限于产品外观的美感，更涵盖了用户与产品互动的全过程。艺术性的功能体现在产品本身融入了艺术的创作理念。设计师将文化元素融入产品的构思与设计中，赋予产品以独特的文化内涵和情感表达，更在审美层面上呈现出独特的艺术价值，为用户带来一场视觉和心灵上的艺术盛宴。

2. 文化传承和表达

文创产品在设计中融入深厚的文化元素，通过独特的表达方式传承和弘扬文化，引导人们更深入地理解和体验文化内涵。文化传承和表达是文创产品的重要维度，其设计不仅注重外观，更应重视文化背后的内涵和文化精神，通过设计的方法对内涵和精神进行创意表达。这是一种将虚拟的文化内涵物化的过程。这种表达方式超越了传统文化呈现的方式，通过创新性的设计手法，使文化元素焕发新的生命力，为用户提供了一次深度的文化体验。这样的设计不仅使文创产品成为文化传承的媒介，更激发了人们对于文化价值的关注和珍视（图1-8）。

图1-8　纳西族东巴手工纸

3. 实用性和功能性

文创产品在追求文化传承和表达的同时，应融入实用性和功能性，展现了多重层面的设计价值。文创产品不仅能令人着迷于其文化内涵，更能满足日常生活的实际需求。从日常生活用品到家居装饰，从办公文具到服装服饰，文创产品通过巧妙的设计使功能性得以最大程度发挥。设计师在产品的实用性方面注入创意，使得产品不仅令人愉悦，也在满足日常生活需要的同时呈现独特的文化魅力。因此，实用性和功能性的结合不仅使文创产品更具吸引力，也为用户提供了全新的使用体验。这种设计理念使文创产品不仅停留在文化表达的层面，更融入人们的日常生活，使文化在实际使用中得以传承和体现。

4. 情感连接和共鸣

情感连接和共鸣是文创产品设计的核心功能之一。通过融入具有情感共鸣的元素，文创产品能够与消费者建立深厚的情感纽带。设计师通过将文化元素转化成消费者的文化喜好和情感体验，将这些元素巧妙融入产品，创造出更具亲和力的体验。这种情感连接不仅加深了用户对产品的喜爱，也使产品成为一个个人与文化共鸣的载体。在文创产品的设计中，情感连接和共鸣的功能赋予产品更具有个性化和情感化的特征，提升了产品的附加值，让用户在使用产品的过程中获得更加深刻的情感体验，使产品成为一种令人难以割舍的情感陪伴（图1-9）。

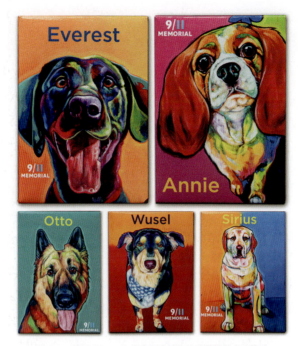

图 1-9　美国"9·11"国家纪念博物馆致敬搜救犬冰箱贴

5. 教育功能

文创产品以富有趣味性和互动性的方式传递知识,为消费者提供娱乐的同时激发其对文化、历史或科学等领域的学习兴趣。这类产品通过设计师的巧妙构思和精湛制作,融入丰富的文化内涵和知识元素,为用户提供了学习和认知的机会。设计师注重将文化、历史、艺术等相关领域的知识巧妙地融入产品,使用户在使用产品的过程中能够自然而然地获取相关的教育信息。举例而言,文创产品可以以历史故事、文学名著、艺术品等为灵感来源,从而引导消费者对相关领域进行深入思考和理解。这种设计思路不仅使产品更具有趣味性,也为用户提供了一种轻松而愉悦的学习体验。

6. 互动和分享

文创产品设计注重用户互动,以提供更丰富、有趣的体验为目标。通过精巧设计,文创产品实现了与用户之间更为直接、深刻的互动,激发了用户兴趣,将其融入产品创意的构思中。这种互动性不仅让消费者感到更投入,也为文创产品赋予更生动、独特的特质。文创产品鼓励消费者分享使用体验,扩大产品影响力。用户不仅可以采用短视频的方式在社交媒体上展示产品独特之处,还可以在线下实际社交互动中分享这种独特体验。这一设计理念有助于打造一个共享文创体验的社群,加强用户参与感,使文创产品在社交互动中获得更广泛的认可和喜爱(图 1-10)。

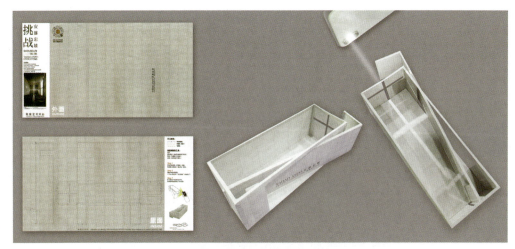

图1-10 需手工折叠制作的光之教堂

7. 品牌塑造和推广

文创产品被广泛应用于品牌推广,通过产品呈现品牌文化,树立独特的品牌形象,吸引更多目标受众的关注。它们成为品牌推广的有效工具,通过产品的设计展现品牌文化,树立独特的品牌形象,以吸引更多目标受众的关注。通过文创产品,品牌得以以独特而有趣的方式向外界传递其核心价值观和文化内涵,从而加深品牌与消费者之间的情感连接,巩固品牌在市场上的地位。这种品牌塑造不仅仅停留在产品本身,更是通过产品传达品牌的独特精神,为品牌赋予更加深远的文化内涵。在推广方面,文创产品具有直观而生动的特性,能够引起潜在受众的兴趣,提高品牌在市场中的知名度,为品牌创造更为积极的形象。因此,品牌巧妙地借助文创产品,成功地将其文化传播至更广泛的受众群体,实现了品牌形象的全方位推广。

8. 纪念和收藏价值

特定文创产品具备纪念性,适合作为礼物或纪念品,并且可能具有一定的收藏价值,激发人们对产品的长期关注与珍视。文创产品不仅具有实际使用的功能,更可被设计成具有纪念性的特质,适合作为礼物、纪念品或珍藏品。这些产品通过融入深刻的文化内涵和富有创意的元素,使其成为记录特定时刻、地点或事件的独特代表(图1-11)。作为伴手礼,文创产品不仅能传递实际的实用价值,更能传达出赠送者对接受者的特殊情感和祝福。在旅游胜地或特殊活动中,文创产品也常成为游客或参与者留存美好记忆的纪念品。同时,由于其独特性和限量性,一些文创产品也具备一定的收藏价值。这种纪念和收藏的功能,使文创产品超越了普通商品的层次,成为人们长期关注、珍视和传承的文化载体。

图 1-11　美国"9·11"国家纪念博物馆幸存者之树手镯

以上这些功能共同构筑了文创产品的魅力，设计师要将其打造成不仅仅是商品，更是文化、创意和实用性有机结合的独特之作。

第二节　文创产品的特征

文创产品在文化创意领域的显著地位和市场受欢迎程度源于其独有的特征。这些特征不仅使文创产品具有商品的属性，更使其具备了一种文化的使命和社会的责任。设计师通过深入挖掘和展示文化内涵，借助产品传递丰富的文化信息，为消费者提供深刻的学习体验，使文创产品成为文化传承和知识传播的媒介。通过融入独特的文化元素，提供多层次的文化体验，不仅满足用户需求，更创造了超越传统商品的附加价值，文创产品在市场竞争中更具吸引力。这种特征使得文创产品在商业和文化之间成功地建立了桥梁。

一、学识广袤

文创产品通常以文化元素和创意理念为核心，是知识、智慧和灵感在特定行业的具体物化表现（图 1-12）。由于文创产业涉及领域广泛，文创产品呈现出高知识性和智能化的特征。这类产品不仅仅是简单的商品，更是文化的传播者和知识的提供者。通过深度融合文化内涵，文创产品让用户在使用中得以获取丰富的知识体验，从而促使用户对文化有更为深刻的认识。文创产品的独特之处在于其超越了单纯商品的范畴，成为知识和智慧的传播者，使用户在日常生活中不仅能够享受实用性，更能够拓展对文化的理解和认知。通过这种方式，文创产品不仅提供了物质层面上的满足，而且激发了用户在文化领域的兴趣，为其提供了一种独特的知识体验。

图 1-12　双音箱彩绘七弦琴不倒翁（任雯）

二、附加值高

　　文创产品凭借其独特的设计和丰富的文化内涵，跳出了一般商品的常规范畴，呈现出更为丰富的附加价值。这不仅提升了产品的吸引力，同时为其注入更深层的文化内涵，使其在激烈的市场竞争中脱颖而出。在文创产品领域，科技和文化的附加价值明显高于一般产品和服务。文创产品的创造过程涉及现代科技等手段，通过对文化资源的物化，实现了文化元素的巧妙融合。高附加值的文创产品一部分来自其自身独特的文化设计，是在设计开发时深度挖掘文化元素所体现的文化价值；另一部分则是通过叠加相关的科技技术和互动原理，根据市场需求在设计中注入附加价值。这样的设计理念使文创产品在不同层面展现了高度的独创性和吸引力。

三、融合性强

　　文创产业是多领域相互融合的综合体，涵盖经济、文化、技术等多个方面，具有融合性、渗透性和强大的辐射力，为新兴产业及其关联产业的发展提供了有力支持。在这一行业中，文创产品的设计融合了设计、创意和文化等多重元素，形成了跨界融合风格。这种设计理念赋予产品丰富的外观、功能和文化表达，更好地迎合了多样化的消费需求。文创产品的独特之处在于将传统与时尚、实用性相结合，同时兼顾市场需求（图1-13）。因此，它不仅是传统与现代的融合、美观与功能的巧妙融合、还涵盖了文化与科技、国家与世界的多重融合。这使得文创产品在市场中卓具竞争力，为产业发展注入了活力。

图1-13　乐高积木威尼斯街景

四、创意丰富

　　在设计理念上，文创产品强调创意性，通过独特的设计语言和创新理念，呈现出多样化、富有创意的形态。这种强调创意性的设计激发了广泛的消费者兴趣，使其不仅是一种使用工具，更是一种时尚和艺术的表达。文创产品的创意丰富性使其在市场中脱颖而出，吸引了更多关注，为文化产业注入了新的生机。这种注重创意的设计理念不仅为产品赋予了独特的品位，也使得文创产品在消费者心目中建立了独特的地位，为文创产品树立了独具魅力的形象。通过将创意与设计紧密结合，文创产品成功地实现了对消费者审美需求和文化追求的双重满足，为行业带来了更多的发展机遇。

五、社会责任感

文创产品应当重视传播积极的社会价值观念，通过巧妙设计传递正面能量，引导社会文化向积极方向发展（图1-14）。这种社会责任感使得文创产品不仅是满足消费需求的工具，更是引领社会文化进步的有益力量。在商业成功的同时，文创产品肩负着传递积极价值观念的社会责任，通过绿色设计的创意和对文化的表达等传递正面信息，促使社会向更加积极向上的方向发展。通过将社会责任融入产品设计理念，文创产品不仅能够在商业层面取得成功，更在社会层面发挥了引领和推动的积极作用。

图1-14　再生纸板空气净化器（CactusNext）

这些特征共同勾勒出文创产品的独特轮廓，使其在文化创意产业中成为引领潮流、推动社会进步的重要角色。

第三节　文创产品的分类方式

立足于文化，衍生出创意，来贴近生活，便是文创。下面依据人们的日常使用方式，对文创产品进行分类。

一、装饰类文创产品

作为文创产品最为普遍和常见的类别,装饰类文创产品深受人们的喜爱和热捧。此类文创产品的类型多种多样,包括艺术品、雕塑、装饰品以及文化衍生品等。艺术品与雕塑通过独特的创意和艺术设计展现文化内涵。装饰品等摆件注重实用性,融合设计美学,既能装点空间,又具备令人赏心悦目的功能。装饰类文创产品是对文化的创新演绎,通过设计巧妙结合传统元素和现代审美。这些装饰类文创产品的使用方式因产品类型而异。艺术品、雕塑和装饰品常常被置于家居、办公场所或公共空间,作为艺术品展示或空间装饰,突显个性和品位。家居饰品在日常生活中充当点缀角色,为环境增色不少。文化衍生品作为传统文化的延伸,其使用方式更为多样,可作为纪念品、礼品,也可融入日常生活的各个方面(图1-15)。总体而言,装饰类文创产品通过独特的设计和使用方式,丰富了人们的生活和文化体验。

图1-15　天津泥人张泥塑

二、互动类文创产品

互动类文创产品是一类注重用户参与和动手体验的创意产品,强调与用户之间的互动,激发动手创造的乐趣。这些产品融合了艺术、手工制作和设计创新,让用户通过实际操作与产品建立更紧密的联系。在此类别中,手工艺品和DIY(Do It Yourself)文创产品占据着重要位置。用户可以亲自动手参与制作文创产品,体验创作的愉悦(图1-16)。同时,互动类文创产品采用游戏化设计,常常引入游戏元素增加趣味性,强调用户的实际参与和动手操作。这类产品激发创造力、动脑动手的乐趣,让用户获得成就感,以及更加丰富和深度的体验。

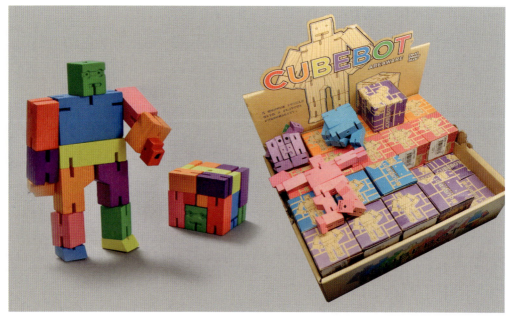

图 1-16　魔方机器人

三、食品类文创产品

食品类文创产品是一类以食品为载体，注重创意设计和文化表达的创意产品。这些产品将文化特色与美食相结合，通过独特的包装、设计或制作工艺，呈现出独具一格的文化内涵。食品类文创产品旨在激发人们对传统美食的兴趣，并通过食品的味觉体验传递文化故事（图1-17）。这类文创产品不仅注重口感和食材的选择，同时强调设计的创新和文化的传承。通过食品类文

图 1-17　北京白塔寺造型甜品

创产品,消费者不仅能够品味到美味的食物,还能感受到丰富的文化内涵。在这里,食物不仅仅提供了味觉享受,更是文化的载体。一些食品外形的创新设计,使其形象与特定文化或传统元素相呼应,如特色造型的糖果、糕点、雪糕等。这样的设计不仅满足了人们的味觉需求,同时通过与文化相似的外观,引发了对传统文化的共鸣,使品尝食品成为一种更富有趣味和文化深度的体验。

四、服装服饰类文创产品

起源于美国的文化衫是最为常见的服装服饰类文创产品。20世纪50年代的赛车比赛中,运动员的圆领衫都印上图案和各种文字,就是在白色T恤上或印染或刺绣文字或图案。文化衫也是年轻人的代名词,他们喜欢用这种特定的图案和符号来表达情绪、愿望、个性甚至价值观。现今,服装服饰类文创产品强调在设计中融入独特的文化元素和创新理念。这类产品常常通过独特的设计风格、图案、面料选择等方面,呈现出独特的文化内涵。服装服饰类文创产品不仅追求时尚和实用,更注重对传统文化的传承和演绎。一些产品可能采用传统图案、手工工艺或者特有的面料,以突显独特的文化印记。此外,这类文创产品也可能融入艺术元素,通过服装设计展现独特的审美观念。服装服饰类文创产品的设计旨在引领时尚潮流的同时,弘扬文化传统,使穿着成为一种文化表达(图1-18)。

图1-18　美国国家航空航天博物馆服装服饰卖场

五、文具类文创产品

文具类文创产品以其独特的设计和实用性深受消费者喜爱，成为一个横跨各年龄层的热门选择品类。通过精心构思的设计、选择上乘安全的材质以及文化元素的巧妙融入，这类产品为传统文具注入了新颖的艺术和创意内涵。从常见的笔记本、书签到尺子套装和文具套盒等，这些产品的设计既注重实用性，又强调对文化元素内涵的巧妙引用和表达（图1-19）。使用文具类文创产品，消费者能够在日常生活中感受到不同领域的文化氛围，使学习使用的过程变得更加富有创意和文化意义。近年来，文具类文创产品在探索新兴零售业务模式方面取得了显著的进展，逐渐走向品牌和产品的"高价值"文创之路，呈现出独具魅力的市场趋势。文具类文创产品满足了不同人群对于文化创意的独特追求。

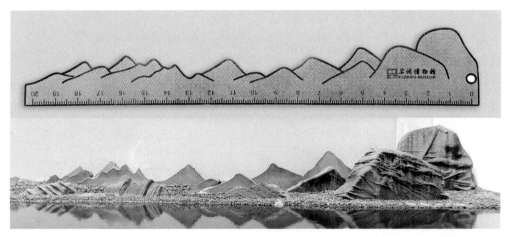

图1-19 苏州博物馆山水造型尺子

六、复刻类文创产品

复刻类文创产品是以传统文化、历史建筑、历史文物或艺术品为原型，通过比例微缩和工艺复刻而制成的创意产品（图1-20）。这类产品旨在保留原有文化的精髓，通过现代设计和工艺加工，使传统文化得以传承和弘扬。复刻类文创产品的设计高度注重细节，力求忠实再现原作的本质，同时在保留传统特色的基础上，增添现代感和审美价值，使产品更符合当代市场的需求。这类产品涵盖了历史文物、建筑、艺术品、经典文学作品等多个领域，为消费者提供了与传统文化亲密接触的机会。通过这类产品，人们可以在日常生活中感受到历史的沉淀和传统文化的魅力，实现对过去的致敬和对当代审美的追求。复刻类文创产品既是对传统的一种致敬，也是创新与传承相结合的产物，成为连接过去与现在的文化桥梁。

图 1-20　英国白金汉宫微缩复制品

第四节　文创产品的溯源

一、文创产品与创意产品

文创产品与创意产品在某种程度上存在相似之处，二者均注重独特的设计理念和创意元素的融入。然而，它们的侧重点存在一些区别。创意产品更加偏向对独创性思维和创新技术的强调，注重对新颖创意点的挖掘和实践（图 1-21）。相较之下，文创产品更加注重对传统文化的引用和再创作，通过对历史、传承、地域文化的关注，赋予产品更

图 1-21　餐具刀叉制成的创意产品

为丰富的文化内涵。文创产品的创意融入了更多的历史沉淀和文化传承,使得设计不仅仅是对新潮理念的追求,更是对传统价值的传承和发扬。

二、文创产品与旅游纪念品

文创产品与旅游纪念品都具备一定的纪念和情感价值,然而,它们的设计初衷和功能存在显著差异。旅游纪念品作为地方民俗文化的重要以及直接载体之一,得益于文化的滋养,同时也传承着文化的理念,相比较于一般的产品具有更深远的传播意义。旅游纪念品通常着重于特定地域的标志性元素,以满足游客对旅行经历的回忆和纪念需求(图1-22)。文创产品则更注重文化的表达和传承,不仅包含地域性元素,还融入了更多的艺术、历史和文学等方面的元素,使产品更具深度和广泛性,通过对多元文化的汇聚,不仅让人回忆旅行时的美好瞬间,更让用户感受到不同文化的碰撞和融合。

图 1-22　古巴旅游纪念品雪茄

三、文创产品与艺术衍生品

文创产品与艺术衍生品都涉及艺术创作,但它们的区别在于创作的目的和受众定位的不同。文创产品可以理解为以"文化元素"作为核心的衍生作品。艺术衍生品与文创产品的部分内容是相互交融的。艺术衍生品往往是从艺术作品中延伸出的派生品,其目的主要在于将原始艺术品的审美和文化价值转化为商品,以满足艺术品爱好者的收藏需求(图1-23)。而文创产品更加强调文化的传承和普及,力图通过富有创意的设计,使文化元素更好地融入日常生活,覆盖更广泛的受众,实现文化的传达与延续。文创产品的创作目标在于将艺术的美感融入实用品,使艺术不再局限于画廊和收藏家,而是能够渗透到人们的日常生活中,为更多人带来文化的愉悦和启迪。

图 1-23　草间弥生艺术衍生品

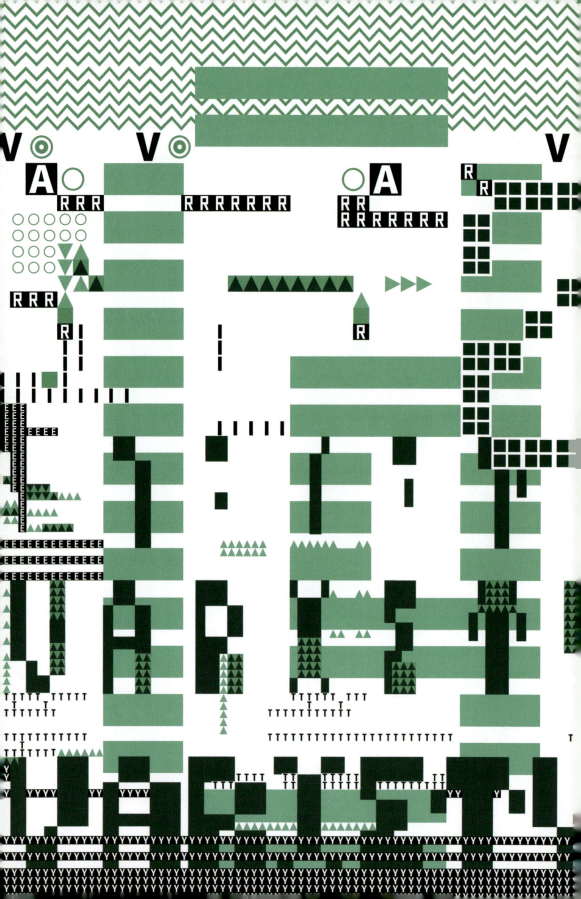

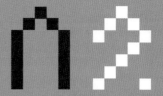

第二章

包罗万象：文创产品的类型

Abundance and Diversity:
Categories of Cultural and Creative Products

第一节　历史、文化与文创

历史和文化作为文创领域的灵感源泉,为文创产品设计提供了丰富的素材和创作空间。基于历史和文化的创意,文创产品将传统元素进行重新演绎和再创作,以新颖独特的方式呈现古老故事和传统价值。这不仅有助于传承和弘扬文化遗产,还赋予了产品更深层次的文化内涵。通过对历史传统的创新表达、对地域文化的深度挖掘和与娱乐文化的跨界合作,这些文创产品不仅唤起人们对过去的记忆,更为文化的传承注入了新的时代活力。

一、基于历史和文化的创意

作为重要的源泉之一,历史和文化为文创产品设计提供了无尽的设计灵感。其博大精深的内涵为设计师创造出更具深度和内涵的作品提供了无限的可能。历史和文化是人类社会的珍贵遗产,不断演进的同时传承着各自独特的价值和意义。文化的多元性让人们更充分地了解和尊重不同文化的差异和多样性。

文创产品以历史和文化为灵感来源,通过创意思维和现代技术手段,呈现出充满创意和文化价值的产品、服务以及体验。这不仅为用户带来独特而丰富的文化体验,同时也促进文化的交流、碰撞和发展。基于历史和文化内涵的创意是一个充满潜力和文化价值的领域。对历史和文化的创新和挖掘,可以塑造出更具创意和文化价值的产品,同时也促进历史和文化的传承和创新,为社会带来新的文化视角和认同。

在 2017 年哈萨克斯坦阿斯塔纳世界博览会上,选择以骆驼和毡房为设计元素的文创产品具有深刻的文化寓意(图 2-1)。骆驼和毡房是哈萨克斯坦传统文化中的重要元素:

图 2-1　2017 年阿斯塔纳世界博览会文创产品

骆驼是草原上的忠实伙伴和生存工具；毡房是牧民传统居住空间，具有独特的建筑风格，是当地传统文化的代表。阿斯塔纳世界博览会通过这些代表性的符号，向世界传递哈萨克斯坦深厚的历史底蕴和独特的文化精神。这样的文创产品既能够在全球范围内吸引关注，又能够促进本土文化的传承和发展。

基于历史和文化的文创设计采取将传统文化与现代设计相结合的策略，对传统文化进行继承和创新的同时推动现代设计的发展和完善。通过对历史文化的深入挖掘和理解，可以创造出更具文化内涵和时代感的设计作品。这种设计方法使人们更好地认识和理解传统文化，将传统文化融入现代生活中，为现代社会带来更加丰富多彩的文化体验。这样的设计不仅展示传统文化的魅力和独特性，还提高人们对文化的认同感和自豪感，推动文化的传承和发展（图2-2）。

图2-2　土家族十二生肖西兰卡普壁挂及衍生品（宋佳绮）

通过对文化的传承和发展，人们更好地了解和尊重不同文化的差异和多样性，促进文化的交流和融合，为社会的发展和进步做出贡献。同时，这也促进了现代设计的发展和完善。对传统文化的借鉴和创新，使现代设计更具时代感和文化内涵，提高了设计作品的质量和水平（图2-3）。这类产品不仅教育、启发、丰富了用户的知识体验，同时也促进了历史文化的传承和创新。未来的发展趋势将包括增加数字化与虚拟体验，注重可持续发展，创新跨界合作，以及拓展全球化视野。这一领域的文创产品不仅是消费者与传统文化的情感纽带，更是对历史传统的现代演绎，为文化的传承注入新的生命力。

图2-3　日本纸立体贺卡

二、地域文化与旅游文创

地域文化和旅游文创之间存在着紧密而深刻的联系。地域文化作为一种传承和表达地方特色的文化形式，与旅游文创相互交织，共同构筑文化和商业的双重价值，满足游客的需求和期望。

地域文化在旅游文创中扮演着至关重要的角色，首先体现在其作为旅游文创的核心素材和资源。每个地区都孕育着独特的地域文化，这些文化元素成为旅游文创产品设计的灵感源泉，通过创新融合，打造出独具特色的文化氛围和体验。妈妈欢（Mamajuana）是多米尼加共和国地域文化的骄傲，其不仅是美味的草药酒，更是独特的旅游纪念品（图2-4）。妈妈欢体现了多米尼加深厚的酿酒传统和草本文化。每一瓶妈妈欢都经过精心制作，将当地丰富的植物、树根和香料浸泡在酒中，呈现出独特而丰富的口感。独特的制作工艺和包装设计使其不仅是一款美味的饮品，更是具有收藏价值的非物质文化遗产。每一瓶妈妈欢都承载着深厚的地域文化和酿酒传统。游客通过品尝妈妈欢，不仅留下了对多米尼加的美好回忆，更带走了热情欢乐的异域风情。

图 2-4　多米尼加妈妈欢草药酒

旅游文创有助于促进地域文化的传承和发展。作为传播途径和平台，旅游文创通过将地域文化元素融入商品和纪念品中，推动地域文化的传承和发展（图 2-5）。这种交融不仅展现了地域文化的独特之处，还赋予了文创产品更深层次的专属性，激发了人们对本地传统的认同感和自豪感。旅游文创更进一步促进了地域经济的繁荣。除了为地域文化提供传承和发展的平台外，旅游文创还为地方经济发展提供了新的机遇。通过开发和推广旅游文创产品，地方能够吸引更多的游客，进而推动本地经济的蓬勃发展。这种经济效应不仅体现在旅游业的兴盛，同时也为地域文创产品的制造、销售等环节带来了商业价值，形成了旅游文创与地方经济共生共荣的关系。

图 2-5　大连城市形象笔记本（三研文创）

旅游文创在推动地方文化传承和经济增长的同时，也面临城市间同质化严重和粗制滥造的问题。同质性表现为过度追求模仿商业成功案例，失去了地域特色和文化深度。粗制滥造方面，一些产品可能只是简单地印制标志，缺乏创意和原创性。这种廉价的、小作坊模式的生产损害了产品的品质和地方文化的独特性。解决这些问题需要加强对产品设计的创意性和地域特色的注重，避免对文化真实性的破坏。

因此，地域文化和旅游文创的紧密联系使得文创产品成为促进地域文化传承、经济繁荣的有力推手。在这一过程中，文创产品的设计发挥着关键作用，通过创新融合地域文化元素，打造出具有新颖性和艺术性的文创产品，为游客呈现独特的文化体验和价值，通过文创产品打造城市旅游的新名片（图 2-6）。

图 2-6　潍坊迷你风筝礼盒

三、影视动漫游戏文创

影视动漫游戏文创是当今文化创意领域备受瞩目的重要领域，融合了影视、动漫和游戏等多媒体的元素，不仅包括了媒介的衍生品开发和销售，更是一种创造和传播文化符号的过程。成功的关键在于创作者通过对原作的巧妙解构、重新编排和再创作，将文化符号巧妙地转化为市场产品，实现对原作的二次开发和商业化利用。

设计元素在影视动漫游戏文创中扮演着至关重要的角色。这包括角色造型、场景设置、道具设定等元素，它们不仅仅是文化符号的再现，更是文创产品的灵魂所在。创作者需要通过对设计元素的创新和巧妙融合，打造具有独特视觉风格和文化内涵的产品，以吸引广大消费者的目光，取得商业上的成功。此外，营销策略在整个过程中同样占据着至关重要的地位。成功的策略需要将设计元素与市场需求密切结合，从消费者的角度出发，提出创意独特的产品策略，以唤起消费者的购买欲望。

影视文创作为文创产业的重要组成部分，通过将影视作品的元素转化为实体产品，为观众提供了更为丰富的文化体验和参与感（图2-7）。影视文创的核心优势在于将虚拟的影视世界延伸到现实生活中，通过实体产品的方式拉近了观众与作品之间的距离。这不仅丰富了观众的文化消费体验，也为影视作品创造了新的商业机会。通过影视文创，观众不仅仅是作品的消费者，更成为文化的参与者和传播者，为文创产业注入了更多生机。

图 2-7　电视剧《乡村爱情》盲盒

动漫文创是备受瞩目的文化产业，融合了多个领域的元素。日本在这一领域有着独特的优势。如在东京秋叶原这个"二次元圣地"，人们可以深刻地感受到动漫文化的魅力和独特氛围（图2-8）。美国在该领域是全球文化市场的重要组成部分之一，电影《变形金刚》便是一个典型的案例，展示了如何将电影IP转化为各种文创产品，从而扩大其文化影响力和商业价值（图2-9）。通过多样化的创意产品满足市场需求，同时维持和增强原有电影的文化魅力和市场影响力。而中国在动漫文创领域也在不断发展壮大，将中国文化元素和创意融入其中，传递着中国的文化价值和美学理念。动漫文创作为文创产业的重要分支，将动漫领域的创意元素转化为实体产品，如手办、漫画、周边商品等，丰富了人们的精神生活，其独特的审美吸引力和生动的故事情节使得动漫文创在日常生活中扮演着重要角色。

图 2-8 动画片《名侦探柯南》文创产品

图 2-9 电影《变形金刚》文创产品

　　游戏文创是将游戏元素融入创意产品的开发中。这一领域涵盖了游戏周边商品、衍生产品等，通过独特设计和创意呈现，满足了游戏爱好者的收藏和消费需求。游戏文创不仅延续了经典游戏的影响力，也创造了全新的文化娱乐时代，为人们提供了与游戏世界互动的机会（图 2-10）。通过数字化手法，游戏文创将受众带入虚构的世界，创造出超越时空的文化体验，为文创产业注入了新的活力。在影视动漫游戏文创产品的开发中，IP 授权发挥了关键作用。创作者通过运用授权策略，将原作中的经典元素授权给其他创作者或生产商，使得这些元素能够在不同领域中焕发新的生命力。这不仅拓展了 IP 的影响范围，也为原作带来了更多的商业机会。影视动漫游戏文创是一个充满无限可能和发展空间的产业,既满足了人们对于娱乐的需求,也推动了文化产业的发展和繁荣。其未来发展前景广阔,将为人们带来更多欢乐和文化价值。

图 2-10　冒险类游戏《刺客信条》文创产品

第二节　工艺、美术与文创

一、传统手工艺与现代设计结合

中国传统手工艺源远流长,承载着丰富的文化历史和技艺传承。这些手工艺涵盖了陶瓷、纺织、雕刻、编织、泥塑(图2-11)等多个领域,每一项都有其独特的传统工艺和独家技艺。这些传统手工艺往往通过世代相传,形成了独具地方特色和文化内涵的制作工艺。传统手工艺与现代设计的结合是一种有趣而富有创新性的设计趋势。随着科技不断进步和设计多元化的发展,人们对传统手工艺的关注和需求也在不断提高。传统手工艺具有纯手工制作、自然材料、精致细节和匠人匠心的精神等特点,这些正是现代设计所欠缺的文化内涵。因此,将传统手工艺与现代设计

图 2-11　凤翔泥塑

结合不仅能传承和弘扬传统文化，还能创造更具生命力和人文关怀的设计作品。

现代设计的介入为传统手工艺注入新的活力。设计师通过对传统手工艺的深入研究，将现代审美和功能需求融入传统工艺的制作过程。这种结合不仅在外观上赋予传统手工艺更多时尚感，同时通过技术创新提升了产品的实用性和市场竞争力。在这种设计中，设计师需要考虑如何将传统手工艺的技艺融入现代设计的制作过程。这要求设计师对传统手工艺有深刻的了解和尊重，同时要理解贯彻现代设计的创新精神。只有在传统手工艺和现代设计的交融中，才能实现传统文化的传承和创新设计的实现。这种结合可以在多个领域进行，如家居装饰、时尚服饰、珠宝首饰和艺术品等。常见的有：结合传统织布技艺和现代设计的剪裁技术，可以创造出独特的时尚服饰；结合传统金银饰品制作工艺和现代设计手法，可以打造出具有时尚感和文化内涵的珠宝首饰。

例如，芦苇编织这一传统手工艺，经过设计师的巧妙转化，融入现代灯具设计，成为兼具自然材质和艺术性的独特作品（图2-12）。在设计中，芦苇编织赋予灯具柔和光线和自然氛围，展现了传统手工艺和现代室内装饰的时尚雅致。设计师将传统手工艺与现代灯具结构巧妙融合，既尊重传统文化，又注入现代审美元素。每盏灯具都是对自然之美和传统工艺的致敬，同时提升了现代生活品质。该设计将芦苇编织传承至今的古老手工艺赋予现代灯具新的生命力。

图2-12 《兼葭素隐》芦苇编织灯具（高嘉颖）

将传统手工艺与现代设计的融合不仅使传统行业更加潮流和时尚,同时也为这些手工艺注入新的商业价值和市场活力。在保护与传承传统手工艺的重要议题上,现代设计的创新和应用为这些手工艺注入了新的生命力。通过传承人与设计师的合作,传统手工艺得以融合现代设计元素,创造出新颖的跨界产品。这种创新使传统手工艺焕发新的生命力,同时为文化传承和商业发展注入新的动力。总体而言,传统手工艺与现代设计的结合相得益彰,不仅为彼此注入新的能量和活力,也为文化传承和商业发展带来新的动力。合作创新将传统手工艺融入现代设计,不仅吸引更多人关注传统文化,推广传统文化,同时还能创造更具时尚感和现代性的产品,为非物质文化遗产保护领域注入新的生命力。泰尔梅(Termeh)织布是伊朗传统手工艺中的瑰宝,以其精美的图案和复杂的编织技艺闻名于世(图2-13)。泰尔梅的历史可以追溯到数百年前,是波斯文化中的重要代表。泰尔梅织布以其独特的佩斯利(Paisley)花纹和丰富的色彩组合,展示了波斯文化的繁荣与美丽。从全球视野与本土文化创新的角度来看,泰尔梅织布作为家居用品的文创产品,完美地融合了传统工艺和现代设计理念。

图 2-13　泰尔梅(Termeh)织布

二、民俗文化的多样性传承再生

民俗文化的传承再生是当今备受关注的重要主题，因为这些文化现象是国家宝贵的文化遗产。这些民俗文化不仅在形式和仪式上各具特点，而且深植于历史、地理和社会的多个方面，因此，传承民俗文化遗产涉及历史、地理、社会等多个方面，设计师在这一过程中需要发挥创造力和想象力，创作出兼具当代价值和美学意义的作品。

然而，民俗文化的传承再生面临多方面的挑战。在全球化的趋势下，传统文化可能受到其他文化和商业化的冲击。同时，传承人口逐渐减少，许多技艺和工艺面临失传的风险。为了保护和传承这些文化遗产，需要采取一系列措施。政府层面也应加大对多样性民俗文化的保护和支持力度，培训和支持传承民俗文化，提供更多经费和资源以支持传承工作，同时加强文化教育和传播，让更多的人了解和认识这些文化遗产，促进它们的传承和再生。

为了实现民俗文化的传承再生，设计师可通过创新手法将民俗文化融入现代设计，为其注入新的生命力，同时吸引年轻人的兴趣。例如，将传统民俗文化与现代产品设计相结合，创造出新的产品和文化形态，将传统文化引入更广阔的视野。如大连庄河的属相灯是一项富有地方特色的民俗文化，它承载着丰富的民间文化内涵（图2-14）。这一传统民俗文化是用彩色豆面团纯手工捏制出十二生肖，将这些属相灯粘在一张方形的硬纸板上，旁边留出位置捏一个像花瓣的面碗儿，用来放红色的小蜡烛，每逢正月十五、正月十六，庄河人都会点燃各自的属相灯，寄托着美好的祝愿，通过长年累月的积淀，形成了独特的

图2-14 庄河民俗文化代表之一属相灯

艺术表达方式。近年来，设计师巧妙运用现代审美方式，重新设计了属相灯，使其更加符合现代人的审美需求。特别是在属相灯的表面装饰纹样上，设计师融入了当地非遗中剪纸的语言，赋予了灯饰独特的视觉效果（图2-15）。这种现代设计的属相灯不仅在外观上焕发出时尚感，而且在文化内涵上保留了庄河的传统元素，成为老少皆宜、广受

欢迎的民俗文创产品。这样的设计既传承了地方民俗文化,又迎合了现代市场的需求,展现了庄河在文创领域的独特魅力。

总体而言,多样性民俗文化的传承再生是所有人都应该关注和支持的事业。设计师可以通过创造力和想象力为文化传承做出贡献。民俗文化与文创产品的结合不仅可以拓宽文化传播的途径,而且可以有效地提升民俗文化的价值和影响力。文创产品的推出和应用为民俗文化的保护和传承做出了积极贡献。深度挖掘传统节庆文化的内涵和精神,将其融入文创产品,不仅能唤起人们对传统文化的记忆和认知,还能激发人们对文化传承的热情和责任感。同时,文创产品的推广和销售也为传统手工艺和民间工艺提供了更多市场机会,促进了传统文化的再生和发展。

图 2-15　庄河民俗文化属相灯文创设计(宋铭涵、张赫轩)

三、东方美学原理融入日常生活

东方美学在文创产品设计中展现出独特的魅力,其特色主要体现在对人与自然和谐共生、对中华传统文化中禅意的深刻理解与运用等方面。强调自然之美,通过对自然元素的灵活运用,文创产品呈现出宁静、纯粹的艺术感,满足现代消费者在快节奏生活中追求宁静与舒适的愿望。茶器和香器作为此类文创产品的代表,在设计中更是突出体现了东方美学的这一特征(图2-16)。

图2-16 佑玄堂陶瓷茶具

东方美学是一种独特的美学体系,深深植根于东方文化的土壤中,强调自然、简约、意境和精神。将东方美学的原理融入设计,能够让人们深刻体验东方文化的博大精深。文创产品设计巧妙地融入东方文化的元素,如在家居用品中运用自然元素,使产品散发出东方文化的神韵;服装设计中融入中国传统文化元素,创造出具有东方韵味的服装,例如近年来中国古代女子主要裙式之一的马面裙成为流行时尚界的宠儿(图2-17)。这种融合使日常生活更富有文化内涵,同时传递着东方文化的独特魅力。

图2-17 深红暗花绸绣平安富贵纹马面裙

东方美学的独特魅力不仅在国内引起广泛关注,在全球范围内也备受瞩目。随着全球文化交流的不断加深,东方美学的独特理念和审美价值逐渐在国际舞台上崭露头角,为世界注入了新的艺术和设计元素。东方美学的崛起也推动了跨文化交流和理解。通过东方美学的传播,人们更加深刻地认识到世界各地不同文化之间的相互影响和交融。这种文化的多元性为世界带来了更加开放、包容的氛围,促进了全球文明的共同繁荣。在富含东方美学的文创产品中凸显了东方文化的精致和华美。这种东方美学的演绎为文化传承注入了新的活力,也为文创产品提供了丰富的创作灵感,例如结合东方文学、绘画等意境的家居用品、手工艺品、文具、餐具(图2-18)等。

图 2-18　彩陶文化筷子

在当代生活节奏飞快的环境下，人们往往忽略了身边的美好。走进中国传统文化之中，体验慢生活，领略东方美学的魅力成为人们需要的一种生活方式。这种体验让人们远离喧嚣，感受自然、简约和意境，为现代生活注入一份宁静和美好。文创产品也可以通过体现东方美学的理念，例如制作简约风格的手工艺品、文具用品等，为人们提供更多融入东方美学的选择。东方美学的文创产品特点包括注重自然元素、简约风格、传统文化元素的巧妙融合，产品更具独特性和艺术性。茶器、香器、文玩等文创产品在东方美学的引领下，通过对传统文化的敬仰和创新设计，呈现出独特的艺术价值（图2-19）。这些产品不仅在形式上富有美感，更在文化内涵上传承着东方美学的精髓，为现代人提供了一种深度融合传统与现代的审美体验。

图 2-19　小叶紫檀文玩手串

第三节　人文、艺术与文创

一、博物馆"玩"出花样翻新

博物馆文创的崛起不仅向文化产业注入了新的活力，而且以博物馆藏品文物为文化根源，巧妙地将传统文化与当代设计、艺术相融合。这一过程不仅是对传统文化的宣传与传承，更是对现代文化的再创造，为人们提供了多层次的感性、理性、审美与实用的体验。

在博物馆文创设计中，设计师应以博物馆珍藏的文物为灵感源泉，巧妙提取、转换、再创造文物的文化精髓，创作引发人情感共鸣的且具有珍藏价值的文创产品。这一过程将博物馆所展示的文化元素视为文化根源，从中汲取灵感，为设计注入深厚的历史与文化内涵。同时，考虑到实用性和市场性，设计师通过创意与技术的结合，使文创产品更具竞争力和市场前景（图2-20）。

北京故宫博物院和敦煌博物院通过文创产品的推陈出新，成功地将传统文化注入现代生活。通过紧跟时代潮流，结合大数据分析和创新技术手段，北京故宫博物院成功地将传统文化转化为具有现代感和时尚性的文创产品，吸引了大批年轻人的关注（图2-21）。

北京故宫文创产品多以故宫建筑和文物为灵感，通过提炼与再创造，将传统元素融入产品中，实现了对文化的传承。同时，敦煌研究院以世界文化遗产敦煌莫高窟、天水麦积山石窟、永靖炳灵寺石窟，全国重点文物保护单位瓜州榆林窟、敦煌西千佛洞、庆阳北石窟寺为主题，推出生活家居、办公文具等文创产品，将传统艺术与现代设计相融合，通过产品传递丰富的历史与文化内涵（图2-22）。这些文创产品不仅为博物馆产业注入新活力，也通过商品本身成功传达了博物馆所代表的文化，让更多的人在购物过程中深入了解和感受中国传统文化的魅力。

　　博物馆文创的独特之处在于其所珍藏文物的背书，以此为基础，通过创新的方式将其融入现代生活。这一过程不仅提升了文创产品的艺术性，更在产品中强调文化的渊源，使人们更深刻地体验和理解文化的价值。通过各类产品

图 2-20　美国国家邮政博物馆文创店

图 2-21　北京故宫博物院龙年贺岁摆件

图 2-22　敦煌元素金属书签

如书籍、纪念品、手办、衣服、饰品等，延伸展示文物、历史、文化，深化人们对文化根源的认识和理解，为文化的传承与发展提供新途径。

博物馆文创不仅是文化与商业的结合，更是一种对文化根源的尊崇和延伸。通过设计和创新，将博物馆展示的文化元素与现代生活相融合，使人更好地理解和认识文化的价值。例如，美国金融博物馆以过期的纸币为素材，将其粉碎后封装在透明的亚克力盒子中，外观透明的亚克力盒子展现纸币碎片，形成独特的艺术效果。产品的内涵兼顾了废物利用和金融元素的双重特性，展现了可持续发展的理念，并与金融博物馆的主题紧密相联（图2-23）。

图2-23　美国金融博物馆文创产品

从深刻的文化根源出发，博物馆文创不仅在商业上具有价值，更在文化传承和推广中发挥作用，为人们提供感性与理性、审美与实用等多层次的体验。这种文创模式不仅可以让博物馆的馆藏资源得到更好的利用，也可以在推广文化、弘扬文明等方面发挥巨大的作用。同时，这种合作也有助于提升博物馆的品牌价值和影响力，增强其在社会中的地位和形象，从而更好地服务社会大众。

二、艺术品"走"进千家万户

艺术品的创造、收藏、欣赏长期以来一直是少数人的专属领域。然而，随着现代科技的发展和人们审美趣味的变化，艺术品已经不再是高不可攀的事物，而是逐渐"走"进千家万户（图2-24）。现代文创产品的普及为博物馆、美术馆、艺术品展览等传统场馆提供了广阔的市场，通过跨界合作创造独特的文化产品，使更多的人能够接触、了解、欣赏艺术品。艺术品文创中的一个类型是艺术复制品（图2-25）。这类产品通过精湛的技术手法和工艺复制出原始艺术品的外观和形式或等比缩小的尺寸，以低成本向更广泛的受众提供艺术品的复制品。艺术品的复制品注重对原作细节的还原，以追求高度的仿真度。这种文创产品旨在让更多的人通过低廉的价格拥有和欣赏名画、雕塑等艺术品的风采，同时也促使艺术品的审美价值更广泛地传播。

艺术品文创的设计通过创新手法，在保留原艺术品元素的基础上进行复制、提取、转化和再创造，以创意设计和工艺制作的方式呈现新的产品。这种设计旨在延伸艺术品的观感和文化内涵，使其更贴近日常生活，增强大众与艺术之间的互动。文创衍生品不仅在商业层面得以发展，更是艺术品走进千家万户的一种方式，通过将艺术元素融入生活用品、装饰品或日常场景，满足人们对艺术的欣赏需求，提升民众的审美水平（图2-26）。

图 2-24　文森特·梵高油画衍生品

图 2-25　大英博物馆巴比伦碑复制品

图 2-26　爱奥尼柱式书

在设计过程中，应注重文创衍生品的实用性和功能性，不仅保留原艺术品的艺术性，同时通过日常使用，让人们更深刻地感受艺术的魅力。这种文创设计不仅是商品的生产，更是在促使民众参与艺术的过程中，提高他们对艺术的认知和理解。艺术品文创的推广和普及，拉近了艺术与民众之间的距离，促使大众更加主动地融入艺术的世界，提高社会整体的审美水平，推动艺术文化在社会中更广泛、深入地传播。例如，大英博物馆在文创产品开发与设计上与设计师、艺术家合作，将博物馆馆藏的文物元素融入各类产品中，通过打造多样化的产品线，包括文具、服饰、装饰品等，以满足不同游客群体的需求，同时推出限量版和特别定制品，与博物馆的展览、活动紧密关联，提高纪念品的独特性。通过线上销售和推广，以及社交媒体互动，大英博物馆成功地将文创产品作为传达文化、提升品牌价值的重要媒介，为游客提供丰富而有意义的购物体验（图2-27）。

图2-27　大英博物馆文创产品

艺术品"走"进千家万户并非物理层面的简单进入,更是在文化意义上的渗透。艺术品的复制品文创,作为精神文化产品,其价值在于引导人们审美、思考、感悟。当艺术品进入千家万户时,传递着文化、思想、情感等信息,丰富人们的生活,影响人们的心灵。因此,让艺术品"走"进千家万户不仅是商业行为,更是一种文化推广、文化普及的行为。在这个过程中,设计师通过视觉呈现,使艺术品更加接地气、更贴近人们的生活。

三、风景区"游"览风光月霁

旅游风景区文创产品的设计旨在通过将景区特色风光与文化元素融入产品中,以提升游客的游览体验与纪念性价值。这类产品通常包含纪念品、手工艺品、图书等多种形式,注重突出景区历史、自然风光等特征,设计上追求与景区主题相契合的创意,通过艺术性、实用性的结合,呈现出独特的文化内涵(图2-28)。这样的文创产品既能激发游客对景区的深入了解,又能提高景区自身的知名度和吸引力。其特点在于在商业化前提下保持文化传承性,通过设计精良的文创产品实现景区与游客之间的更深层次互动,推动旅游风景区文创产业的可持续发展。

图 2-28 手工折纸大阪城模型

旅游风景区文创产品的设计因景区特色而异。以历史文化类景区为例，其文创产品通常注重传统文化元素的融入，如名胜古迹的复制品、历史文化图书、冰箱贴等，旨在弘扬和传承历史文化，吸引游客深度了解当地的历史渊源。自然风光类景区的文创产品更注重展现自然美景，例如摄影集、自然风光主题明信片等（图2-29），突出景区的自然风光和生态环境，吸引游客欣赏大自然的美丽。科技类景区的文创产品可能涵盖科技主题的玩具、科普类图书、AR明信片、VR眼镜等，旨在通过高科技手段提供独特的游览体验，突显景区现代科技的特色（图2-30）。游乐园型风景区的文创产品包括主题角色玩偶、创意餐具、限量版周边商品和互动式游戏道具，通过社交媒体和特别活动强调趣味性和独特性，提升吸引力和销售。

图 2-29　卡通图像与摄影结合的韩国首尔风光明信片

图 2-30　月球车模型

风景区文创产品多注重便携性和小巧设计，满足游客身临其境的购买欲望，并具有强烈的纪念性。这类产品通常在满足体积小、易携带的需求的同时，巧妙地融入景区独有的标志性元素，通过独特而具有纪念意义的设计，使游客在购买和使用时与景区产生深刻的情感连接。这种强调纪念性的设计，不仅使产品具备独特的个性和文化内涵，也为游客提供了一种实实在在的纪念方式。这样的文创产品不仅是简单的消费品，更是陪伴游客走过美好瞬间的纪念品，成为将旅行回忆保存、传承的载体（图2-31）。

现阶段风景区文创产品存在同质化严重的问题，许多商品缺乏独特性，难以引起游客兴趣。这可能源于对市场热点的过度追逐，导致产品在设计上显得相似，缺乏差异和创新。解决同质化问题需要景区注重自身资源特点，强调创

图 2-31　阿根廷牛脚马黛茶杯

意以打破同质化格局。另一方面，风景区文创产品在设计上过于注重纪念性，而忽视实用性，使得一些商品成为摆设难以实际使用。生产制作上同样存在质量不稳定问题，从而影响了产品的耐用性和安全性。推广和宣传方面的工作有待提升，有时未充分挖掘景区的独特文化资源，导致产品市场影响力不足。因此，改进风景区文创产品需要更加注重实用性、提高质量水平、独特创新、合理定价，并通过有效推广提升产品知名度。

第四节　商业、品牌与文创

一、商业产品与文创 IP 联名合作

当前，商业产品与文创 IP 的联名合作已经成为市场的一种常见趋势。这种合作模式旨在通过将知名的文创 IP 与商业产品品牌相结合，共同打造具有独特文化符号和市场吸引力的产品。文创 IP 的范围涵盖动漫、影视作品和艺术家的作品等各个领域，其与商业产品的合作领域涵盖服装、饰品、玩具、家居用品等多个领域（图2-32）。这种

联名合作通过结合文创IP的独特元素和商业产品的功能性，既能够满足消费者对品牌的喜爱，同时也为产品注入更具吸引力的文化内涵。

在这一合作模式下，创意和文化成为产品和服务的核心，而商业为其提供了更广泛的市场和更完善的产业链。商业产品与文创IP的联名合作为文化和创意产业带来了前所未有的商业机会，充分体现了文化和创意的价值。同时，这样的合作为商业提供了更多元的创意和灵感，创造出更具吸引力和市场价值的产品和服务（图2-33）。联名合作的优势在于，商业产品能够借助文创IP的知名度和粉丝基础，提升产品的市场认知度和竞争力。同时，文创IP也通过与商业产品品牌的合作，将其影响力扩展到更广泛的消费群体中，实现文化输出的目标。这种合作对于消费者而言，不仅提供了多样化的产品选择，还让他们能够通过购买这些联名文创产品，表达对喜爱文创IP或品牌的支持和认同。

因此，商业产品与文创IP的联名合作在当今市场中成为一种成功的营销策略，实现了品牌推广、文化传播和市场扩张的多方面收益。从市场角度来看，商业产品与文创IP的联名合作实现了双赢的结果（图2-34）。商业产品通过借助知名文创IP的品牌效

图2-32　凯斯·哈林和鳄鱼品牌合作联名商品

图2-33　草间弥生和路易·威登品牌合作联名商品

图2-34　熊本熊和凌美品牌合作联名商品

应，能够在市场上迅速提升产品的知名度和认可度，促使产品更好地适应市场需求，创造出更具吸引力的文创产品。商业产品与文创 IP 的联名合作趋向于强调外观设计，主要体现在将知名 IP 的图案、角色或元素应用于产品表面。然而，当前的合作更多侧重于在成品表面贴图，而非真正的联合开发产品，使得产品在外观上与文创 IP 关联紧密，但在实质性创新和内涵上的融合相对较少。

二、商业文化资源的开发转化

商业文化资源的开发转化是企业实现品牌差异化和提升市场竞争力的关键策略。在这个过程中，企业需要深入挖掘独特的商业文化元素，并通过巧妙的转化与设计，将其变为富有创意和市场吸引力的文创产品。相较于历史文化元素开发的文创产品，商业文化元素更具现代性和商业性，更易于满足当代消费者的需求和审美，成为商品推广和销售的助推器。例如，可口可乐作为全球知名品牌，深入挖掘了其标志性的红色瓶身和独特的企业文化。通过设计限量版瓶子、推出主题活动等方式，成功地将品牌文化融入产品设计中，形成了独特的文创产品系列（图 2-35）。

图 2-35　可口可乐文创产品系列

企业首先需识别和挖掘自身潜在的文化元素，包括历史、核心价值观、品牌故事、视觉识别系统等，深入了解解析元素，找到与商业理念相连的文化内涵。通过创意设计，将文化元素转化为具体的文创产品，在注重创新性表达的同时推动商品销售。完成商业文创产品设计后，企业需通过推广和营销策略引入市场，包括线上、线下多渠道推广，社交媒体宣传，与艺术家、设计师的合作等。这个过程使得文创产品更好地融入消费者生活，提升品牌知名度。产品设计上巧妙融合商业品牌的文化元素，使产品具有辨识度和独特性，有助于提高销售。例如星巴克通过巧妙的设计，将咖啡文化转化为各种文创产品，包括定制款咖啡杯、咖啡豆礼盒、咖啡杯垫等。这些产品既符合消费者对高品质咖啡的期望，又能够唤起与咖啡相关的情感和体验（图2-36）。

图 2-36　星巴克文创产品

　　基于商业文化资源的文创产品价值在于有助于企业树立独特的品牌形象，增加品牌故事性和情感共鸣，提升品牌差异化竞争力，将商业文化元素融入产品，传递核心价值观，建立深层次的情感联系，推动商业发展和企业文化的创新与传承。商业文化资源的开发转化在产品设计和品牌层面带来新创意，有助于增强企业形象，加深品牌与消费者的情感联系，实现全面的商业品牌转化。

三、商业品牌理念与文创融合

　　商业品牌是一种具有情感价值的符号系统，是企业传递价值观念、塑造形象、促进销售的重要手段。商业品牌理念与文创构成了一种相辅相成的关系，既要强调二者之间的共通性与互补性，又要注重品牌建设。商业品牌通过文创的融合传达其独特的价值观和形象，将理念具象化为可感知的体验。文创作为媒介，为商业品牌提供了更直观、更有趣味性的传播方式。通过艺术、设计、创新等手法，商业品牌能够在文创产品中注入其独有的精神内涵，使消费者能够更深层次地理解和感受品牌的核心理念。

　　2022年，宜家家居将品牌理念"家，因你而生"（Make Home Happen）与文创产品相结合，推出了多样化的家居装饰和配饰。例如，宜家与瑞典设计师合作推出了限量版艺术画作等，包括限量版摆件、灯具等。这些产品不仅满足了消费者对美好生活的向往，也展现了宜家作为家居领域领导品牌的创新能力和设计理念。2024年第一季度的弗斯达系列由来自不同国度的设计师联袂打造，从风格简约的宋代文化以及具有美好寓意的舞龙、柿子、石榴等中国传统元素中汲取灵感，旨在为消费者打造温暖舒适的新春氛围产品（图2-37）。这种融合对品牌的建设具有深远的影响，不仅加强了品牌与消费者之间的情感连接，也提升了品牌的可识别度。商业品牌理念为文创提供了丰富的创意源泉，激发了设计师和创作者的灵感。同时，文创产品的创新性和独特性也反过来为商业品牌注入新的活力，促使其在市场竞争中脱颖而出。

图2-37　宜家家居产品

甲辰龙年到来之际，始祖鸟以龙之精神为灵感，深入挖掘东方哲学与运动精神的契合之处，以"龙鳞"为核心设计元素，推出龙年新春限定系列（图2-38）。亦如鳞甲之于游龙，坚韧之于心性，龙在追寻目标的过程中，龙鳞是其最坚实的护盾，历经风雨而愈发坚韧，这正是始祖鸟高山精神的内核所在——无畏挑战，砥砺而上。因此，商业品牌理念与文创的融合不仅是传统概念的结合，更是一场共创共赢的合作。这种紧密联系推动了创意和品牌建设的共同发展，为品牌与文化的交流搭建了更为广阔的平台，进一步打造品牌的独特形象，提升其市场地位。

图2-38　始祖鸟龙年新春限定系列产品

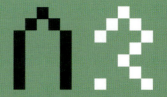

第三章

奇思妙想：文化元素与创意思维

Fantasy and Ingenuity:
Cultural Elements and Creative Thinking

第一节　文化元素的重要性

文化元素是文化创意产品的灵魂，在文创产品设计中，文化元素扮演着至关重要的角色。首先，文化元素是文创产品的核心灵魂，是文创产品与特定文化、历史、传统之间联系的桥梁，能够赋予产品独特的文化内涵和情感共鸣，从而增强产品的吸引力、影响力和文化价值。文化元素在文创产品中的重要性体现在多个方面，通过融入具有历史、传统或地域特色的文化元素，文创产品不仅仅是一种商品，更成为文化的载体和传播者。这种文化的注入使得产品具有了与众不同的吸引力，吸引了更多的消费者，同时也赋予了消费者使用和拥有这些产品时的一种独特的文化认同感。

一、文化元素在文创产品中的作用

1. 文化元素赋予产品独特的魅力和情感价值

文化元素融入文创产品设计中，不仅是为了丰富产品的文化内涵，更是为了赋予产品独特的魅力和情感价值。通过精心选择和设计，设计师将具有历史、传统或地域特色的文化元素融入文创产品设计中，使得其散发出特有的文化气息，引起消费者的情感共鸣和认同，从而增强文创产品的吸引力和独特性。例如天坛骨传导解说棒棒糖是一款以北京著名景点天坛为设计灵感的文创产品，外形仿照天坛祈年殿的建筑造型。其特殊之处在于内部装置了骨传导技术，含在口中时不仅能品尝美味的棒棒糖，还可以通过骨传导技术听到关于天坛的解说词，为消费者带来身临其境的文化体验，实现了美食与文化的完美融合（图3-1）。

图 3-1　天坛骨传导解说棒棒糖

2. 文化元素提升了产品的竞争力和差异化

在市场竞争日益激烈的环境下，文化元素的巧妙运用成为产品脱颖而出的重要因素之一。通过注入独特的文化元素，并进行个性化设计，产品在同质化、同行业的竞争中具备了竞争优势。这种从文化根源上就与众不同的设计能够吸引更多消费者的关注，从而提升产品在市场上的地位和竞争力。

3. 文化元素增加产品的附加值和文化认同

文化元素的运用不仅仅是为了赋予产品独特的风格和属性,更是为了满足消费者对文化认同和情感连接的需求。文创产品背后所蕴含的文化内涵和价值观,可以提高消费者对产品的情感认同度和忠诚度,使其建立文化层面的认同,从而提升产品的附加值。图3-2、图3-3中的手工折纸彩陶罐是以马家窑彩陶罐为灵感来源,经过几何化设计处理,将其特点进行简化与提炼,然后印刷在卡纸上。消费者购买后,可以根据印刷图案进行裁切、折叠,最终完成一个立体的彩陶罐模型。这种设计既让消费者参与其中,通过亲手折叠感受制作的乐趣,同时也能够建立对传统文化的认同。这种设计不仅具有趣味性

图 3-2　马家窑手工折纸彩陶罐 1（黄荣）

图 3-3　马家窑手工折纸彩陶罐 2（黄荣）

和互动性，还将文化元素融入其中，为消费者带来了独特的体验和乐趣。

4. 文化元素促进文化传承和创新

文化元素的融入不仅是对传统文化的传承和保护，也是对当代文化的创新和演绎。设计师可以通过重新演绎传统文化符号或创造全新的文化元素，为产品赋予独特的文化内涵和时代气息。这种创新性的设计不仅能够传承和弘扬优秀的传统文化，还能够推动文化的创新和发展，为消费者带来全新的文化体验和感受。

5. 文化元素拓展产品的受众群体和市场范围

文化元素的运用可以吸引不同文化背景和兴趣爱好的消费者群体，从而拓展文创产品的受众范围和市场覆盖面。通过满足不同消费者的文化需求，文创产品能够更广泛地传播和推广，提升文化影响力的同时，扩大市场影响力并增加销售业绩。

二、文化元素的来源和种类

1. 文化元素的来源

（1）文化遗产和历史资料。通过对历史文献、考古发掘和文化遗产的深入研究，我们可以获取诸如古代文物、历史文献以及传统节日等文化宝藏。这些遗产承载着民族和历史的记忆，是我们丰富文化积淀的重要组成部分。

（2）地方特色和民俗传统。深入了解特定地区的风土人情、地方传统工艺、民间传说等，我们可以发现地域文化元素的丰富内涵。这些包括地方特色美食、民间艺术、地方宗教信仰等，反映了地方文化的独特魅力和丰富多彩的民俗传统。

（3）当代社会生活和文化创新。通过观察和研究当代社会生活中的各种文化现象和符号，我们可以发现现代文化符号的新特点和趋势。这包括流行音乐、时尚潮流、网络热点等，是当代社会文化发展的重要代表。

（4）跨界融合和创意设计。将不同领域的文化元素进行跨界融合和创意设计，从而创造出新颖独特的文化产品和符号。这种创作方式涉及文化创意产业、跨界艺术作品、文化主题活动等领域，为文化产品的多样化和创新提供了广阔的空间。

2. 文化元素的种类

（1）传统文化元素。传统文化元素包括历史悠久、代表性强的传统文化符号，如古代建筑、传统服饰、民间传说等。设计师可以从丰富的传统文化中汲取灵感，创作出具有独特文化特色的文创产品，例如以古代建筑为设计灵感的茶具、以传统服饰为元素的手工艺品等（图3-4）。以传统服饰为文化元素，将其与挂钩、夹子相结合，旨在将传统文化与现代生活实用品相融合，提升产品的审美价值和实用性。它不仅是日常生活中

图 3-4 以传统服饰为文化元素的挂钩、夹子（杨子馨）

的实用品，更是一种对传统文化的传承和弘扬，为消费者带来了独特的审美享受和文化体验。

（2）地域文化元素。地域文化元素指特定地区独有的文化特色和传统，如地方风俗习惯、地方传统工艺、特产等。设计师可以通过挖掘当地的地域文化元素，打造具有地方特色的文创产品，例如以当地民俗节日为主题的手工艺品、以地方传统工艺为基础的装饰品等。图3-5中这款文创产品以泰国地域文化中独特的彩色甲虫翅膀为灵感来源，结合当地手工艺制作工艺，打造出别具一格的饰品。泰国以其丰富多彩的文化和自然景观而闻名，其中彩色甲虫在泰国被视为幸运和吉祥的象征，常被用作装饰品和艺术品的素材。

（3）历史文化遗产。历史文化遗产包括历史上的重要事件、人物、遗址、文物等，如古代战争、历史名人、古代遗迹等。设计师可以从历史文化遗产中汲取灵感，设计出具有历史传承感的文创产品，例如以历史名人为形象的手办、以古代遗迹为图案的文具等。图3-6中这款产品的设计将套尺与古琴相融合，巧妙地运用正负形的关系结合了两者的特点和韵味。套尺的木质材料和古琴的韵律美相互映衬，呈现出一种独特的文化艺术美感。同时，产品的设计也充分考虑了实用性和美观性，因其使用者均为中小学生，更能够在他们使用套尺的同时，弘扬和传播传统文化。

图3-5　泰国甲虫翅膀饰品

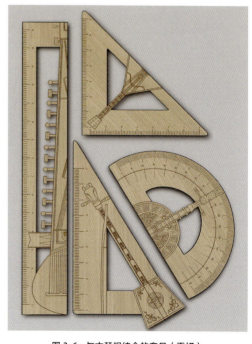

图3-6　与古琴相结合的套尺（霍妍）

（4）现代文化符号。现代文化符号涵盖了当代社会生活中的各种文化元素和符号，如流行艺术、时尚风格、网络文化等。设计师可以从当代社会的文化现象中获取创意，设计出具有时代特色的文创产品，例如以流行艺术为灵感的服装设计、以网络流行语为主题的卡通形象等。图3-7中这款文创钥匙链以大连方言中独具特色的词汇为设计灵感，旨在展现大连地区独特的语言文化魅力，将地方方言融入日常生活用品之中。钥匙链作为日常生活中常用的配饰，将大连方言与钥匙链相结合，既具备了钥匙链的实用性，又展现了地方文化的独特魅力。

图3-7　大连方言钥匙链

（5）生活方式和价值观。生活方式和价值观反映了人们在日常生活中的行为习惯和价值取向，也是文化的重要组成部分。设计师可以从不同的生活方式和价值观中汲取灵感，设计出能够引发共鸣的文创产品，例如以简约生活方式为理念的家居用品、以环保价值观为主题的文具设计等。墨西哥设计师费尔南多·阿隆索（Fernando Laposse）利用丝瓜络的特性，例如轻盈性、半透明性、隔热性、纹理和减震性等，设计出各种美观且实用的家居用品（图3-8）。该设计不仅旨在推荐使用丝瓜络这种环保再生材料，更开启了新的生活理念和新的设计思路。

图 3-8 丝瓜络家居用品

三、文化元素的运用方式

文化元素的运用方式在文创产品的设计过程中具有至关重要的地位。它直接决定了产品的定位、特色和吸引力,因此需要经过精心的考量和选择。设计师在运用文化元素时,可以采取多种策略,以实现与目标市场的契合和吸引,从而提升产品的竞争优势和文化价值。

1. 主题设计

将特定文化元素作为产品的主题进行设计,是一种常见的文化元素运用方式。例如,以中国传统节日如春节、中秋节为主题设计文创产品,或以特定历史事件、传说或文物类型为主题设计产品。通过这种方式,产品能够直观地呈现出特定文化的核心价值和特色,引起消费者的共鸣和兴趣。图 3-9 是以十二生肖为主题的红包设计。通过将生肖动物融入现代设计中,定制每种生肖的专属红包,呈现出喜庆和吉祥的视觉效果。通过这种方式,设计既具有生肖主题性,又能够传递美好的祝福。

2. 装饰图案

通过对文化资源的提取,在产品的外观设计中加入纹样图案或装饰元素的方式也较为常见。这些图案可以是传统的纹样、民间艺术、农民画、涂鸦等图案,或是反映特定文化特色的图案设计。通过图案与装饰的运用,产品不仅在视觉上更具吸引力,也能够传递出特定文化的独特魅力。例如,民族戏剧面具图案挂钩(图 3-10),以面具上的装

图 3-9 十二生肖红包（孙雨轩）

图 3-10 民族戏剧面具图案挂钩（刘芷任）

饰图案为灵感来源，通过对面具图案进行归纳、简化等再设计，创造出具有现代感和大众喜闻乐见的图案。民族戏剧面具作为中国传统文化的重要元素，具有丰富的文化内涵和艺术价值。通过对其图案进行再设计和现代化处理，可以使其更加符合当代人的审美，同时也可以让传统文化焕发出新的生机和活力。

3. 故事叙述

通过对产品的故事设计或其自身背后的文化内涵来展现文化元素是一种深入挖掘文化价值的方式。展示或编织一个富有故事性和可生产情感共鸣的产品故事，从而增加产品的吸引力和感染力。例如，以文成公主进藏的故事为设计灵感的文创设计，打造了文成公主、松赞干布等主要人物形象（图3-11）。意在讲述文成公主进藏与松赞干布和亲故事的同时，传达各民族文化融合的概念，及共同繁荣的发展理念。同时，作品注重人物情怀和自然景观相结合，展现贞观之治的大唐盛世。贞观十五年的正月十五，吐蕃首领松赞干布为和平派遣使者向大唐求亲，唐太宗为促进共同发展将文成公主许配给松赞干布，诏令江夏王李道宗持节护送。文成公主在唐送亲使江夏王太宗族弟李道宗和吐蕃迎亲专使禄东赞的伴随下前往吐蕃。文成公主一行从长安出发，途经西宁、翻日月山，长途跋涉到达拉萨。由此，展开了一段神圣而浪漫的故事。这种方式不仅能够激发消费者的想象和情感，还能够加深对文化的理解和认同。

图 3-11 文成公主进藏故事系列文创设计（宋菁璇）

4. 功能性应用

文化元素可以通过产品的功能和用途来体现。设计师可以将文化元素与产品的功能特点相结合，创造出具有文化内涵和实用功能的产品。这款文创产品的灵感来源于古巴的酒水平衡展示架，通过特殊的倾斜角度展示酒瓶的平衡状态，外观设计上印有古巴海边热带风情的图案，如海洋、沙滩、棕榈树、建筑等，营造出一种轻松愉悦的氛围，既具有装饰性又有实用功能，能够吸引消费者的目光，为酒水展示提供与众不同的效果（图3-12）。这样的产品不仅能够满足消费者的日常需求，还能够在生活中持续地传递文化信息和情感体验。

图 3-12 酒水平衡展示架

5. 文化节日联动

结合特定的文化节日或纪念日，设计对应的文创产品，是一种增强产品文化认同感和市场吸引力的方式。这样的产品不仅能够吸引消费者的注意，还能够与节日氛围相结合，增强产品的文化价值和市场竞争力。

6. 艺术表现形式

将文化元素以艺术形式表现在产品上，例如绘画、雕塑、陶艺等，是一种注重审美和艺术体验的方式。这样的产品不仅具有观赏性，还能够传递深层次的文化内涵和情感表达，为消费者带来全方位的文化体验。

7. 跨界合作

与具有代表性的文化机构、艺术家或设计师进行合作，共同开发文化元素的应用，是一种整合资源和创新的方式。这种合作可以为产品注入更丰富的文化内涵和艺术价值，提升产品的独特性和品质，同时也能够拓展产品的市场影响力和文化影响力。

第二节 文化元素的发掘与提取

发掘与提取文化元素是文创设计中不可或缺的一环,为将文化元素融入设计中奠定基础。了解文化背景是发掘和提取文化元素的关键,包括历史、传统、宗教、地理、环境等方面,可找到与文化相关的符号、形式、语言、信仰等元素。在提取文化元素时,需结合现代审美需求,将其与现代审美趋势相结合,打造符合当代社会需求的设计作品。在此过程中,需要尊重文化的多样性和创新性,不可随意篡改或歪曲文化元素。因此,在设计过程中,需要综合考虑文化背景、符号和形式、传承和发展、现代审美需求等方面。

一、文化元素的发掘方法与标准

1. 文化元素的发掘方法

(1)历史研究与文献资料收集。深入研究目标文化的历史背景,阅读相关文献资料,包括历史书籍、传统文学经典、民俗志、宗教典籍等,以获取文化元素的基本信息和背后的故事。这些文献资料提供了丰富的文化信息,涵盖了文化的发展历程、重要事件、传承传统等方面的内容,为设计师提供了深入了解和把握文化特质的机会,为创意设计提供了丰富的思想源泉(图 3-13)。

图 3-13 日本浮世绘团扇

(2)民俗考察与田野调查。到目标地区进行实地考察,了解当地的风土人情、民俗习惯、传统工艺等,通过与当地居民交流,收集关于文化元素的口头传承和民间故事。通过实地考察和民间交流,研究者可以深入挖掘文化元素的本土特色和深层次含义,为后续的文创设计提供有力的支撑和启示。

(3)考古发掘与物品收藏。如果条件允许,可参与考古发掘工作,寻找古代遗址和文物,了解古代文化的物质遗存,获得第一手资料。此外,收集与目标文化相关的物品和藏品,如传统服饰、工艺品、器物等,可以为发掘提供实物参考,帮助研究者更加深入地理解目标文化的特点和内涵(图 3-14)。

(4)图像搜集与编辑分析。收集与目标文化相关的图像资料,包括图片、绘画、雕塑、文物等,通过对图像资料的收集、分析和比较,可以较为准确地了解文化元素的符号、

图 3-14 民族乐器筷子套装（马筱晴）

形式和特征，进而对图像进行细致的观察和研究，有助于揭示文化元素的隐含和象征意义，为后续的设计工作提供宝贵的参考和灵感。

（5）专家咨询与学术交流。寻求专家学者的意见和建议，向相关领域的专家咨询，进行学术交流和研讨，从专业角度获取关于文化元素的深入理解和解读。通过与专家研讨和交流，可以激发更多的思考和灵感，且掌握文化信息的准确度较高，为文化元素的发掘和运用提供有益的指导和支持。

2. 发掘文化元素的标准和原则

（1）准确性和权威性。为确保文化元素的准确性和权威性，必须确保所收集到的信息资料准确可靠。在获取资料时，应尽可能从权威的渠道获取，以保证信息的可信度和可靠性。这样做有助于避免误导、扭曲和错误理解，确保文化元素得到准确而全面的呈现（图 3-15）。

（2）尊重性和敏感性。在处理文化敏感的部分时，必须尊重目标文化的传统和价值观，审慎处理相关内容，以避免引发不必要的争议或冲突，确保文化元素的表达能够得到恰当而尊重的呈现。

（3）创新性和适用性。文化元素应着重注重创新，将文化元素与现代审美观和社会需求相融合，创作出符合时代潮流和用户喜好的作品。这一做法既能传承和发扬传统文化，又能满足当代社会的审美趋势和需求，使文化元素焕发出新的生机与活力（图 3-16）。

（4）综合性和多样性。在发掘文化元素时，应该考虑到文化的综合性和多样性，不局限于单一的视角和来源。通过综合不同渠道获取的信息，可以更全面地理解目标文化，从而设计出更具代表性和包容性的作品。

图 3-15　首尔风光印章

图 3-16　和纸青蛙摆件

（5）可持续性和社会责任。在发掘文化元素的过程中，需要考虑到可持续性和社会责任，避免对文化资源的过度开发和滥用，保护好文化遗产和传统知识。同时，设计师还应该关注作品的社会影响，促进文化传承和社会发展的可持续性（图3-17）。

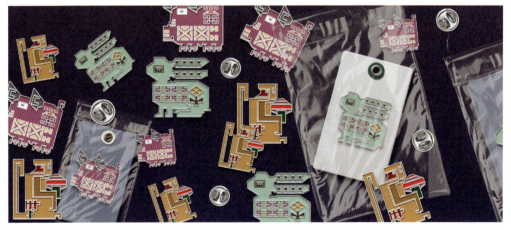

图 3-17　生肖胸针（边弘华）

二、文化元素的深度挖掘与转化

深度挖掘和转化文化元素，像是一种跨越时空和地域的文化探索之旅。对历史与文化背景的深入探究、符号与精神的重新诠释与转化、文化传承与现代应用的转化融合，以及文化碰撞与创新思维的运用，能够创造出具有丰富内涵和独特魅力的文创产品，使得文创产品不仅具备了历史深度和文化内涵，更被赋予了现代性的表现形式和创新思维。在这个过程中，设计师像是文化的猎人，深入挖掘着文化背后的故事和象征，然后将其转化为创意的点滴，用创意美化生活。

1. 历史与文化背景的深入探究

深度挖掘文化元素涉及对文化的历史渊源和传统进行深入探索学习，以及对其中蕴含的丰富故事、内涵和启示进行解析。这一过程不仅需要对文化进行表面层次的了解，还需深入查阅历史文献、研究民间传说以及相关的资料。通过这些渠道，设计师得以发现潜藏在文化深处的富有启发性的创意点，将其作为设计元素，赋予作品更为丰富的文化内涵和丰沛的情感表达。这些文化元素常常承载着文化的精髓和智慧，通过不断挖掘和解读，设计师得以将其转化为设计灵感，为作品注入独特的文化气息和情感共鸣。这样的创意源泉不仅丰富了作品的内涵，也使其与观众之间建立起更加深刻的情感联系。

例如在 20 世纪 60 年代，中国遭遇了一场罕见的自然灾害。在党和政府的关怀下，来自上海、江苏、浙江、安徽的 3000 多名六岁以下的孤儿被转运至受影响较小的内蒙古大草原，由当地牧民扶养。这一举措跨越了地域和血缘的界限，展现了一份深厚的跨文化爱的情感。图 3-18 是基于"三千孤儿入内蒙"的历史故事，创作的一款特殊形式的便利贴。将不同孤儿形象设计成统一尺寸的便利贴，同时用具有地域特色的额吉（蒙古语里的妈妈）和阿布（蒙古语里的爸爸）形象代表蒙古族牧民。这些便利贴被粘贴在额吉、阿布的拥抱中，每一叠便利贴象征着孤儿们投入了蒙古族父母的怀抱，展现了跨越地域的爱和文化融合的美好景象。这一设计旨在通过视觉符号和创意手法，深度挖掘

图 3-18 "三千孤儿入内蒙"便利贴（朱芊铮）

历史故事中的人文情感和社会温暖并传递给大众，既展现了历史故事的温馨和感人之处，又表达了对历史事件的敬意和记忆。这种创意设计不仅唤起了人们对历史故事的共鸣，也为当代社会注入了正能量和文化自信。

2. 符号与精神的重新诠释与转化

对文化中的符号、精神进行深入解读，并重新诠释其含义。设计师通过深入解读文化符号和精神内涵，并将其重新诠释为设计语言和艺术表达，创造出富有创意和独特魅力的作品。这一转化过程不仅是物化的表达，更是对文化的再塑造和再创造，赋予文化符号和精神新的生命和意义。在符号与精神物化的设计过程中，应将抽象的符号和精神具体化为视觉、触觉或其他感官形式，使其更具体、更直观地呈现在人们面前。这种物化过程使文化元素更加易于被理解和接受，同时为人们提供了与文化互动的新途径。设计中需要结合当代社会的审美趋势和文化需求，将文化元素转化为具有时代特色和观赏性的作品，为人们带来新颖而富有深度的文化体验。

3. 文化传承与现代应用的转化融合

在将文化元素转化为现代设计作品的过程中，应保留文化的核心价值和精髓，以确保其在现代社会中仍然具有文化认同感和吸引力。设计师要对文化现象进行全面的了解和分析，以确保对其历史渊源、符号意义、精神内涵等方面有清晰的认识。这种深入挖掘为后续的转化与融合奠定了坚实的基础。同时，设计师应该思考如何将文化元素应用到现代生活场景中，使其具备实用性、现代感和美观度。在转化过程中注重创新，探索将文化元素与现代设计语言相融合的方法，创造出具有个性和时代气息的作品。在进行文化元素转化时应保持谨慎，避免过度商业化或丧失原有的文化内涵，以充分尊重和保护文化传承。

例如，石油文化主题调料罐套装的设计灵感源自某石油化工厂区的储油罐，设计师将其转化为现代实用的调料罐套装。材质选用了高反光的不锈钢材质，既赋予了产品耐用性，又展现了现代设计的精致和高贵。套装包括一个大号油瓶、四个液体调料罐、两个粉末调料罐和一个组合架盘。当所有调料罐都安放在架盘上时，形成了石油化工工厂的现实场景。这一设计旨在通过现代化的处理方式，将传统工业元素与当代生活紧密结合。设计师在布局和结构上精心设计，使调料罐套装不仅实用，而且具有强烈的装饰性，为现代家居环境增添了别致的艺术气息。这一石油文化主题的调料罐套装在保留原有文化现象的同时，充分体现了现代设计的转化与创新。它不仅是一件实用的厨房用具，更是一件富有文化内涵和现代审美的艺术品，为人们带来全新的视觉体验和满意的生活品质（图3-19）。

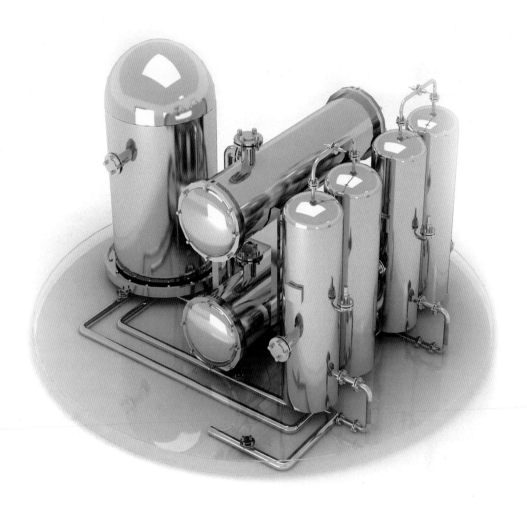

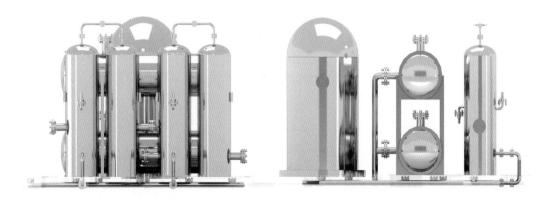

图 3-19　石油文化主题调料罐套装（秦睿）

4. 文化碰撞与创新思维的运用

将不同文化元素进行交叉比较和对话，探索文化之间的碰撞和融合。设计师在这一过程中发挥创新思维，寻找创意点，并将其转化为设计作品的灵感来源。通过跨文化的对话和交流，设计师可以打造出具有全新视角和独特魅力的文创产品。这是一场跨文化的冒险，旨在挖掘新的设计灵感和创意点。设计师将来自不同文化的元素融合在一起，创造出具有独特魅力和全新视角的作品。这种创新思维不仅是对文化本质的理解和诠释，更是对不同文化之间关系的探索和思考。这些作品不仅是设计，更是文化的传递和交流，为人们带来了全新的文化体验和思考方式。在设计过程中，进行几种或多种文化的融合与碰撞，如东方与西方、古老与现代、传统与现代科技等。这些文化的交汇产生了新的创意和设计灵感，为作品注入了丰富的内涵和多样的表现形式。

三、文化元素的再生与创新

文化元素的再生与创新在文创产品设计中至关重要。文化元素通过深度挖掘后的重新诠释，构建出与产品相契合的独特设计理念，丰富了产品的文化内涵和审美体验。借助先进的技术手段，赋予文化元素新的形态和特性，为其注入新的时尚和科技气息。突出文创产品中的社会意义和文化内涵，将推动文化产业的繁荣和发展，引发公众对文化元素的关注和思考。在创新设计中，应充分考虑产品的可持续性和环保性，为文化元素赋予长久的绿色生命力，为社会和环境带来积极的影响。

1. 独特设计理念的构建

文化元素的再生是需要深度挖掘和全面理解历史文化内涵的复杂过程。这一过程需要对文化元素所蕴含的深层次意义进行系统性的研究和分析。通过深入探索，可以揭示文化元素背后的精神内涵、象征意义以及其在当时社会、人们生活方式中的反映，并以此为基础构建独特的设计理念。设计理念不仅要与文创产品的功能需求相契合，更应在视觉、审美、情感和思想上与文化元素相呼应。应深入挖掘文化元素所具有的情感共鸣和思想内涵，将其重新诠释并巧妙融入文创产品设计中。对文化元素的再生设计，可以使历史文化元素焕发新的生命力，使其在当代社会中再次焕发出新的活力和意义。这一过程既是对文化现象的尊重和传承，也是对文化元素创新的探索和实践。将文化元素重新诠释并赋予新的设计表达，不仅实现了对文化的再生和传承，同时也为产品注入了独特的文化魅力和思想内涵，丰富了人们的审美体验和文化认知。这种深度挖掘和再现历史文化元素的过程，为文创产品的设计提供了丰富的内涵和独特的创意来源，促进了文化的传承与创新（图3-20）。

图 3-20　韩国传统立木鸭

2. 技术与工艺创新的应用

创新设计需要借助先进的技术和工艺手段，以深度挖掘文化元素并赋予其新的形态和特性。这一过程需要不断探索新的制作工艺、材质面料和技术手段等，以实现对文化元素的再造。例如，利用先进的数控加工技术和精密制造设备，可以实现对文化元素的高精度雕刻和加工，从而呈现出更加细腻和精美的艺术品（图3-21）。同时，借助激光切割和数码印刷等现代工艺技术，可以实现对材料的精准加工和图案的快速转移，为文化元素注入新的时尚和科技气息。新材料的不断涌现为文化元素的再生和创新提供了更多的可能性。随着科技的不断进步，新技术如虚拟现实（VR）和增强现实（AR）已成为文化元

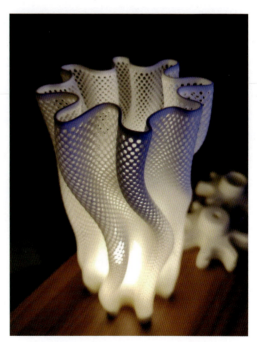

图 3-21　3D 打印夜灯（TL Studio HK）

素再生与创新的重要工具之一。通过虚拟现实技术，用户可以身临其境地体验空间场景。增强现实技术则可以实现对文化元素的实时交互和数字化展示，为其赋予全新的感官体验和表现形式。未来，人工智能（AI）技术的不断发展和应用，将为文化元素的再生与

创新带来颠覆性的改变。人工智能技术可以通过对大数据和图像识别的分析，深度挖掘历史文化元素所蕴含的丰富信息，提供更深入的文化理解和灵感来源；同时，通过算法模拟和自动化设计过程，加速创新设计的实现速度和效率。

3. 文化元素的社会价值和影响力

文化元素的社会价值和影响力不仅是设计的一部分，更是社会文化传承和发展的关键节点。在设计中，应该充分认识到文化元素所具有的社会价值和影响力，并将其巧妙地融入文创产品设计中。通过突出文创产品中的社会意义和文化内涵，设计师能够唤起公众对文化元素的关注和思考，从而引发社会的文化共鸣和认同。这种认同不仅能够提升文化元素在社会中的地位和影响力，还能够激发公众对文化创新和传承的兴趣和热情。文创产品的设计，应呈现出文化元素所蕴含的深刻社会意义和价值，引发公众对文化现象的关注和思考。同时，设计师还可以通过文创产品的设计，探讨当下社会面临的文化挑战和问题，例如现阶段面临无人传承的部分非遗文化，引发公众对文化创新和发展的思考和讨论，推动文化产业的繁荣和发展。总之，文化元素的社会价值和影响力不仅体现在文创产品设计中，更体现在公众对文化的认知和理解上。设计师应该充分发挥自己的创意和想象力，通过设计具有深刻社会意义和文化内涵的文创产品，引发公众对历史文化的关注和思考，推动文化传承和发展走向新的高度（图3-22）。

图3-22 国家级非物质文化遗产淮阳泥泥狗

4. 可持续发展的考量

在创新设计中，设计师应当充分考虑产品的可持续性和环保性，采用环保材料和生产工艺，致力于减少资源浪费和环境污染。以可持续的设计理念运用文化元素，为其赋予长久的绿色的生命力和影响力。这种可持续发展的考量不仅能够保护环境和资源，更能够为人类社会的可持续发展和文化传承做出积极贡献。除了在材料选择和生产工艺上下功夫外，设计师还应当从产品的循环利用角度利用文化元素。例如，设计可拆卸和可重复利用的产品结构，或者采用可回收利用、可降解的材料，以延长产品的使用寿命并减少废弃物的产生。通过这种方式，可以实现产品的循环利用，减少资源的浪费，实现可持续发展的目标。体现环保理念的文创产品设计不仅要注重材料选择和生产工艺，还需要考虑循环利用，并引导用户形成环保意识。这样的设计理念不仅有助于保护环境和资源，也能够促进可持续发展，为社会和环境带来积极的影响。在未来，随着环保意识的提高和技术的不断发展，可以预见，更多符合环保理念的文创产品设计将应运而生（图3-23）。

5. 优化用户体验

在文创产品中，文化元素不仅是设计的创意来源，更是优化用户体验的关键。设计师通过对文化元素的巧妙运用，深入研究消费者需求与行为，致力于提升产品的便利性、舒适性和人性化。通过深入了解消费者的喜好和习惯，设计师可以精心设计文创产品的功能和形态，使其与文化元素的表达相得益彰，从而创造出更具吸引力和亲和力的产品体验。优化用户体验不仅能够增强消费者对产品的认同感和依赖度，更重要的是能够实现文化元素的再生和文化活力注入。通过将文化元素与用户体验相结合，文创产品不仅在功能上得到提升，在文化意义上也得到了延伸和强化。这种有机融合不仅能够加强文化元素的传承和弘扬，还能够为消费者提供更加丰富、愉悦的使用体验，使产品在市场中具备更强的竞争力和吸引力。因此，文化元素的优化与用户体验的提升相辅相成，共同构筑了具有文化底蕴和市场竞争力的文创产品。这种融合不仅为用户带来了全新的文化体验，也为文化传承和创新注入了新的活力和动力（图3-24）。

图 3-23　瓦楞纸板制作的儿童玩具

图 3-24　蒙特利尔城市风光复古烟灰碟

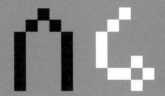

第四章

创意赋能：文创产品的设计原则和方法
Creative Empowerment:
Design Principles and Methods for Cultural and Creative Products

第一节　文创产品的设计原则

一、弘扬优秀文化的原则

　　文化是一个国家、一个民族的灵魂。文创产品作为文化的衍生品，以创新的方法对优秀文化进行再加工，使其成为能够走进千家万户的产品，实现文化现象的传承和弘扬。从弘扬优秀文化的原则出发，设计师应当秉持对文化传承和发展的责任感。文创产品设计不仅仅是技术上的创新，更是对优秀文化的再演绎与传承。这一原则要求设计师深入挖掘和理解优秀文化的内涵，将其融入产品设计中，并以创新的方式呈现出文化的独特魅力和价值观。将文化元素巧妙地融入产品中，不仅能够传承文化，还能够激发用户的情感共鸣，提升产品的认同度和文化影响力。因此，弘扬优秀文化的原则不仅是对过去的尊重和传承，更是为了让文化焕发新的活力，并在当代社会中得到更广泛的传播和认可。弘扬优秀文化的原则要求文创产品设计不仅要注重外在形式的美学表达，更要关注文化内涵的传达和价值观的引导。从外观造型到内涵精神融入了文化元素的设计，能够体现出优秀文化的独特魅力。这种深度的文化渗透不仅能够让产品具有更深的历史底蕴和更高的文化品位，还能够激发用户的情感共鸣，增强对产品的认同度并提升用户体验，为人们的精神生活注入更多的力量和情感（图4-1）。

图 4-1　民族乐器冰箱贴

　　举例而言，相传文成公主入藏时，陪嫁队伍中还有乐师和乐器，宛如一个"文化访问团"，展示了中原王朝的礼乐文化。文成公主带到吐蕃（今西藏）的琴与长鼓（图4-2）作为文化载体，就是这一历史的重要见证。文成公主入藏极大地促进了中原与吐蕃地区的民族交往、文化互鉴，巩固了唐蕃关系，成为民族团结史上千年流传的佳话。图4-3中的设计作品以文成公主所携带的长鼓为创意起点，设计师将长鼓的形态、图案和意义抽象为设计要素，并结合现代审美与工艺，打造了项链和耳饰等文创产品。这一设计作品旨在将历史文化元素与现代审美相融合，以此传承和弘扬中华民族的文化遗产，激励人们传承和发扬中华民族的优秀传统文化，促进民族团结和文化传播。

图4-2　文成公主带到吐蕃的长鼓

图4-3　以文成公主的长鼓为创意设计的首饰（霍妍）

二、打造 IP 品牌的原则

在当今激烈竞争的市场环境中，打造独特的 IP 品牌成为至关重要的任务之一。IP 指的是知识产权（Intellectual Property），包括专利、商标、版权等形式，是对创意、技术或产品的独特性进行保护的法律手段。这一原则强调了设计师在文创产品设计过程中应该注重挖掘和保护产品中的独特元素，以确保其在市场中的独特性和竞争力。打造 IP 品牌是对文创产品独特价值的保护，能够确保作品在市场中的独特性，避免他人抄袭或侵权，更是为了赋予产品在市场中更具说服力的身份认同。在 IP 设计中，应该深入了解文化元素或创意概念的知识产权情况，确保设计的独特性不会侵犯他人的权利。根据不同的产品类型，每种 IP 形式都有其独特的保护范围和申请程序。建立和保护 IP 品牌，不仅可以通过 IP 授权获得经济上的回报，更能够树立起文创产品在行业中的权威地位，吸引更多用户的关注和认可。这一原则鼓励设计师在设计过程中注重原创性和独特性，建立起自身的品牌形象和市场地位，从而在竞争激烈的市场中脱颖而出，赢得更广泛的市场份额和用户口碑（图 4-4）。

图 4-4　藏族服饰冰箱贴（张嘉仪）

例如，苗族服饰因其纷繁复杂的抽象纹样、夺人眼目的绚烂色彩以及耐人寻味的文化内涵，被誉为"穿在身上的史书"。苗族服饰文化是苗族人民传统生活方式、历史记忆和民族认同的载体，承载了苗族人民对祖先的崇敬、对自然的敬畏，以及对历史、迁徙和生活环境的回忆。由于苗族服饰支系繁多，按照地区分布大致可划分为五大类：湘西型、黔东南型、川黔滇型、黔中南型以及海南型。

为了弘扬苗族服饰文化，推动其传统之美在当代焕发新的生命力，图 4-5 所示的设计作品从五大类苗族服饰入手，提取不同类型苗族服饰的文化符号并进行扁平化设计。为了能够更好地将苗族服饰文化融入现代人的生活中，进而以设计好的扁平化苗族服饰为基础，进行再设计，创作符合当下年轻人审美需求的拟人化的 Q 版 IP 形象，这一创

● 五类苗族服饰文化元素提取

● 五类苗族服饰文化IP形象设计

● 五类苗族服饰文化IP衍生品-表情包

● 五类苗族服饰文化IP衍生品-盲盒

图 4-5　苗族服饰文化 IP 设计（宋铭涵）

意将传统文化元素与时尚、可爱的 Q 版风格相结合，有望在年轻人中间引发共鸣，进而拓展苗族服饰文化的影响力和受众群体。在知识产权保护方面，设计师可选择申请设计专利、商标专利、著作权、版权等不同形式的知识产权保护，以确保自身的知识产权得到充分的保护，同时预防后续 IP 衍生品遭到抄袭或侵权。成熟的 IP 形象需要通过多领域多渠道的方式延展，以提高其在市场中的曝光度和受欢迎程度。设计师提出了在衍生品方面的延展策略，包括表情包和盲盒。表情包是现代社交中常见的表达形式之一，能够使 IP 形象更加贴近人们的日常生活，增加其曝光度。盲盒则是一种受到年轻人喜爱的收藏品形式，通过线上和线下的宣传，可以进一步扩大 IP 形象的知名度和受欢迎程度。在衍生品传播的过程中，可以推动苗族服饰文化的现代转化，还能在更广泛的群体中引发对苗族服饰文化的兴趣。

三、市场经济导向的原则

市场经济导向的原则是决定设计文创产品成功与否的关键之一。设计师必须密切关注市场需求和趋势，将用户的期待和需求置于设计的核心位置。特别在结合文化旅游的场景下，市场需求更加多样化和特殊化，设计师需深入了解不同目标用户群体的文化偏好、旅游习惯以及消费趋势。在此背景下，设计师可以挖掘当地文化元素和历史故事，为文创产品赋予独特的地域特色和历史内涵。结合市场调研和分析，把握文化旅游市场的发展趋势，开发符合时代潮流和消费者口味的文创产品至关重要。因此，市场经济导向的原则在文创产品设计中扮演着重要角色。通过深入了解市场需求和趋势，设计师可以创造出更符合用户期待的文创产品，推动文化旅游产业的发展，为游客提供更丰富多彩的旅游体验（图 4-6）。

图 4-6　恐龙造型花器

佑玄堂定制化的手工陶瓷茶具系列是基于市场经济导向原则的文创产品设计的案例之一（图4-7）。在市场调研的基础上，设计师深入了解了年轻的茶文化爱好者的需求和偏好，发现了他们对于传统工艺与个性定制的双重追求。针对这一市场空白，设计师精心打造了一系列具有独特设计和高质感的手工陶瓷茶具。针对现代消费者对个性化和独特设计的追求，设计师采用了几何图形作为茶具的主要设计元素。通过精湛的手工雕刻技艺，将几何形状如圆形、方形、三角形等巧妙地融入茶具的造型中，赋予了产品现代感和艺术感。这种设计不仅满足了消费者对于简约、时尚风格的喜爱，同时也展现了陶瓷工艺的精湛和与创意的融合。

图 4-7　佑玄堂手工雕刻陶瓷茶具

同时，设计师在茶具的设计中结合了原创的生肖卡通形象，为茶具增添了趣味和生动的元素。这些卡通形象有可爱的动物搭配寓意吉祥的图案，与传统陶瓷茶具形成鲜明对比，为产品注入了活力和个性。这样的设计不仅吸引了年轻消费者的关注，也为传统茶文化注入了新的生机与活力。

作为传统工艺的代表，陶瓷工艺在这款文创产品中得到了充分的展现和传承。设计师在选择材料和工艺上精益求精，采用高质量的陶瓷原料，结合传统的制作工艺，手工打磨、上釉、烧制而成，保证了产品的质量和观赏性。这种传统工艺的运用，不仅赋予了产品独特的质感和光泽，也强调了对传统文化的尊重和传承。

四、美观兼顾实用的原则

明末文人文震亨在《长物志》（器具卷）中写道："古人制具尚用，不惜所费，故所制作极备，非若后人苟且。"这句话的意思是古人造物时不仅注重实用性，而且制作精良，经久耐用。美学与实用性是文创产品设计中至关重要的双重考量。在追求产品美观的同时，设计师必须不断关注产品的实际使用场景和功能需求。在设计过程中，不仅要注重产品外观的美感和艺术性，还必须确保产品具有实用性和功能性。美学方面，需要深入研究色彩、形状、材质等美学元素，以创造出令人愉悦的视觉效果。同时，设计师应当注重产品的整体设计风格和比例，确保产品外观符合审美标准，并与目标用户群体的审美趣味相契合。而在实用性方面，需要充分考虑产品的功能性和易用性。设计师应当了解用户的实际需求，设计出符合人体工程学的产品结构和操作界面，以确保用户在日常生活中能够方便、舒适地使用。此外，产品的耐用性、安全性和维护便捷性也是实用性考量的重要因素。因此，美观与实用的双重平衡对于文创产品设计至关重要。只有充分考虑了这两个方面，设计出的产品才能够在外观上令人赏心悦目，同时在功能上满足用户的实际需求，从而提升用户体验，赢得市场认可（图4-8）。

图4-8 交通工具系列回形针

举例而言，在为辽河口湿地打造的两款烛台设计中，以金属钢丝塑造斑海豹和丹顶鹤的形象（图4-9）。辽河口湿地作为南迁北徙的鸟儿们的重要驿站，承载着它们休息、繁衍和生存的重要功能，被誉为鸟类的天堂。烛台的设计灵感来源于这片自然环境，旨在将湿地生态与人类生活融合，展现生态与美学的和谐共生。该设计兼顾美观与实用。烛台以斑海豹和丹顶鹤为形态，精细塑造了它们的特征，如斑海豹慵懒休憩的姿态和丹顶鹤闲庭信步的形态。同时，烛台在斑海豹的前鳍处和丹顶鹤的头部专门设置了可以放置蜡烛的部分，使其不仅是装饰品，更具有实用功能。此外，设计师在选材和工艺上也充分考虑到了环保因素。采用金属钢丝作为主要材料，不仅质地轻盈，更符合环保理念，与辽河口湿地的生态环境相契合。精湛的工艺技术保证了烛台的质量和耐用性，同时也展现了对自然环境的尊重和保护。

图 4-9　辽河口湿地动物造型烛台（衣思远）

五、系列化、多样性的原则

系列化产品思维一直以来受到人们的推崇。系列化的文创产品设计的意义就在于具有统一的视觉形象，虽然产品不同，但是保持着统一的风格基调，呈现出同中有异、异中有同，既具有统一性又具有多样性的特征（图4-10）。系列化多样性的原则鼓励设计师在设计过程中考虑产品的系列化布局，以满足不同用户群体的需求和偏好。通过打造多样化的产品系列，文创产品可以扩大市场覆盖面，提升品牌的知名度和影响力。设计时应该着重强调符合系列产品设计的特点，既要实现系列化的产品效果，也要有利于消费者的选择。文创产品设计时要整体风格一致，最终要呈现出具有共同特征，但造型外观或使用功能等方面可以略有不同。产品系列化是一项有效提升经济效益的策略之一。通过打造多样性的产品系列，设计师能够有效地拓展产品的市场覆盖面，实现销售量的提升和市场份额的扩大。产品系列化可以在

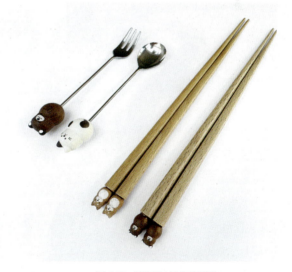

图 4-10　装饰实木动物的餐具

吸引更多用户的同时，也有助于提升品牌的知名度和影响力。因此，系列化多样性的原则不仅有助于满足用户需求，还能够为品牌带来更为稳定和可持续的经济回报。

例如"韩国奇迹"系列文创产品是以现代简约设计风格为特色的系列产品，旨在展现韩国传统文化与现代发展特色的结合（图4-11）。该系列产品将韩国古代皇宫中的人物进行卡通化处理，将现代韩国的城市风光融入设计中，以讲述传统的故事为特点，形成了独特的风格。

该系列产品以韩国古代皇宫中的人物为灵感来源，融入皇帝大婚等传统活动，将这些历史人物进行卡通化处理，赋予他们更加生动和可爱的形象。通过这种方式，产品不仅展现了韩国传统文化的魅力，还使得历史人物更贴近现代生活，增加了产品的趣味性和亲和力。

该系列产品还巧妙地融入了现代韩国的城市风光，将传统与现代相结合。这种设计手法不仅展示了韩国文化的传统和发展，还反映了当代韩国社会的现状和特点，为产品增添了时代感和现代气息。该系列产品的系列化布局使得各种产品之间相互呼应、相互补充，形成了一个完整的产品生态系统。无论是文具、玩具还是装饰品，都能够在设计风格和故事

图4-11 "韩国奇迹"系列文创产品

主题上保持一致，增强了产品之间的关联性和辨识度，提升了品牌形象和市场竞争力。总的来说，"韩国奇迹"系列文创产品以其独特的设计理念、丰富的故事情节和系列化的产品布局，成功地将韩国传统文化与现代发展特色相结合，为消费者带来了全新的文化体验和视觉享受。

六、绿色、环保、安全的原则

在当今社会，绿色、环保和安全已经成为文创产品设计中不可或缺的重要考量因素。在倡导绿色、环保的文创产品方面，设计师可以通过创新的设计理念和技术手段，积极探索可持续发展的路径。设计时应以绿色、环保为设计初衷，选择符合环保标准的材料和工艺，例如采用可再生材料或者低碳材料，以减少对自然资源的消耗和对环境的污染。同时，注重产品的再生利用，设计出具有可拆卸、可重复利用特性的产品，延长产品的使用寿命，减少废弃物的产生，实现资源的有效利用。另外应确保文创产品在设计、生产和使用过程中符合相关的安全标准和法规要求，以保障消费者的使用安全。从材料的选择到文创产品的结构设计，都要考虑到安全因素，确保相应年龄段消费者的使用安全，避免可能存在的安全隐患（图4-12）。设计师还应倡导消费者形成绿色、环保的消费观念，通过产品的设计和宣传，

图4-12　彝族"席子模"狮头面具胸针（张潇淇）

引导消费者关注环保问题，选择环保、再生的文创产品。文创产品应做到减少不必要的包装层数，从而推动社会向着绿色、环保、安全的方向发展。

例如冰岛羊毛皂就是一款以绿色、环保、安全原则为设计理念的文创产品，其独特之处在于将冰岛的自然资源和环保理念融入产品设计中（图4-13）。作为优质的皂品，冰岛羊毛皂选用了冰岛本土的天然羊毛作为主要原料，完全摒弃了任何化学添加剂或有害物质的使用，保证了产品的安全性和环保性。其制作过程严格遵循环保标准，采用传统的手工制作工艺，避免了对环境的过度损害，有效减少了能源消耗和废弃物排放，最大程度地降低了对环境的负面影响。这款文创产品以天然羊毛和植物提取物为原料制成，且不含任何化学物质和有害成分，充分体现了绿色、环保、安全的原则。制作过程中严格遵循环保标准，采用手工制作技艺，为用户带来洁净和放松的沐浴体验。其简洁的设计呈现了冰岛独特的自然风光和纯净环境，为用户营造出舒适的沐浴氛围，带来愉悦的沐浴体验。

图4-13　冰岛羊毛皂

冰岛羊毛皂不仅是一款环保产品，更是一种对自然的尊重和珍视的体现。通过选择天然材料和环保制作工艺，该产品不仅确保了环境和人体的安全，还传递了对自然生态的关爱和保护。在绿色消费和环保意识日益提升的今天，冰岛羊毛皂以其优质的品质和环保、安全的特性，成为越来越多环保倡导者和绿色消费者的首选。冰岛羊毛皂提供了一种可持续发展的生活方式，引领着消费者向更环保、更健康的生活方式转变。

第二节　文创产品的设计方法

一、文化嫁接法

文化嫁接法的核心理念在于将文化元素与产品功能相结合，以丰富产品的内涵和特色。这种方法的关键在于将特定的文化现象或符号直接嫁接到产品上，从而赋予产品更深层次的意义和情感连接。文化嫁接可以是外在嫁接，在产品表面上做文章；也可是内在嫁接，提取文化现象的部分元素局部使用。在运用文化嫁接法时，设计师需要注意避免嫁接过程中的生硬和不和谐，要以一种流畅和有机的方式将文化元素与产品融合，使其既能够体现产品的功能性，又能够传达特定的文化信息和情感价值。如设计师将中国中车企业标志融入笔筒设计，以金属镂空工艺打造，既坚固耐用又易于维护（图4-14）。设计师运用文化嫁接法，将企业标志与产品有机结合，赋予笔筒更深层次的文化内涵与情感价值。在充分理解文化元素的基础上，确保嫁接流畅自然，注重功能与外观的平衡。

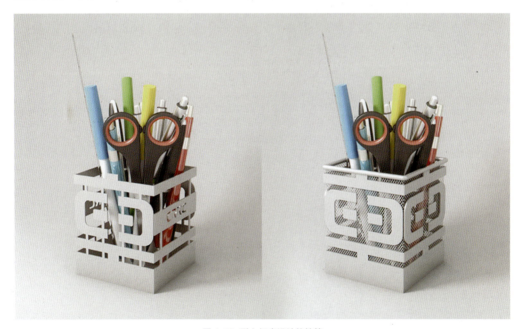

图4-14　融入标志设计的笔筒

设计师在进行文化嫁接时，需要充分了解所选择的文化元素的含义、象征和历史背景，以确保嫁接的文化元素能够准确地表达所要传达的信息，并与产品的功能和形式相匹配。同时，设计师还需要考虑产品的整体设计风格和用户群体的偏好，以确保嫁接的文化元素能够与产品的整体风格和用户的审美相协调。将文化元素嫁接到产品上时，要注意不要破坏产品原有的功能性和实用性，也不要使产品的外观显得杂乱或不协调。嫁接的文化元素应该与产品的整体设计相融合，使其成为产品的一部分，而不是简单地添加在产品表面上。在运用文化嫁接法时，设计师需要尽可能寻找产品与文化元素之间的共性，这种共性可能体现在外形的共性或内涵的共性上。这种共性的寻找可以使得文化元素与产品更加融洽地结合在一起，从而增强产品的表现力和吸引力。

例如铜鼓是中国南方少数民族创造的特殊礼乐器物，承载着丰富的历史和文化内涵。起初，它被用作炊具和打击乐器，经过数千年的演化和发展，成为一种具有象征意义的文化艺术品。铜鼓图案呈圆形层层叠加的形态，与时钟的圆盘形状有着共性（图4-15）。为了进一步传承中国传统文化，设计师巧妙地将铜鼓图案元素嫁接到钟表之上，形成了一个四层结构的设计。在此设计中，第二层代表时针，第三层代表分针，通过圆盘的转

图 4-15　运用铜鼓文化元素设计的时钟（张赫轩）

动和实心圆点来观看时间，而第四层则标示了时间刻度，由四只蟾蜍图案分别代表12点、3点、6点、9点。这样的设计不仅具有实用性，方便读取时间，同时也尽可能地还原铜鼓的形式美感。此设计旨在激发人们对铜鼓文化的探索和关注，从而传承中国传统文化。铜鼓图案与时钟的功能相融合，清晰地展现了铜鼓图案的独特性和文化内涵。铜鼓作为中国古代智慧和艺术的精髓，通过这样的设计为人们提供了一种崭新的方式来欣赏铜鼓文化，吸引着更多人的兴趣和关注。它不仅是一件实用的物品，更是一个展示和传承中国传统文化的载体。这个设计有助于传承和发扬中国传统文化，在世界范围内促进文化交流和多元融合。

二、科技叠加法

智能技术的成熟，使文创产品逐渐拓展出虚拟性、交互性、趣味性、情感化等复合功能。科技叠加法是将科学技术与文化现象相结合的创意方法，在文创产品设计中具有重要意义。设计师可以运用虚拟现实、增强现实、人工智能等先进技术，将传统文化元素与现代科技相融合，创造出具有独特魅力和先进功能的产品。例如，利用虚拟现实技术重现历史场景，让用户身临其境地体验文化的魅力；或者通过科学技术实现与用户的互动，提供个性化的文化体验（图4-16）。然而，科技叠加法所设计的文创产品通常需要较高的制作成本和技术支持，且在后期维护和更新方面可能存在一定挑战。因此，在运用科技叠加法进行文创产品设计时，设计师需要充分考虑技术的可行性和实用性，以及产品的市场需求和用户体验，确保产品能够成功地融合传统文化与科技创新，达到预期的效果。

在使用文创产品的过程中，不同年龄段的人群对于科学技术的需求和接受程度各不相同。青少年文创产品通常协同简单的物理、数学等方面的科学成果及与其年龄相匹配的计算机技术，以增加青少年对文化的理解和兴趣。相比之下，成年人更注重产品的实用性和技术含量，倾向于搭配技术含量较高的科学技术手段，以满

图 4-16　金属发条玩具（Kikkerland）

足他们对于深度、个性化体验的需求,强调产品的实用性和用户体验。设计师在运用科技叠加法进行文创产品设计时,需要根据不同年龄段人群的特点和需求,选择合适的科学技术并加以运用;同时,也需要充分考虑制作成本、技术支持以及后期维护和更新等方面的挑战,确保产品能够成功地融合传统文化与科技创新,达到预期的效果。

例如 Abacus 品牌的 VR 人体插图互动书籍体验套装,旨在通过 VR 技术深度探索人体解剖学的科学普及(图 4-17)。套装包括 80 页互动书、人体解剖模型和 VR 眼镜,消费者可在互动内容中获得穿过血管、观察肺部吸氧等 30 多种沉浸式体验。设计师巧妙运用科技叠加法,将 VR 技术与人体解剖学相结合,创造出前所未有的学习和探索体验,让用户仿佛置身于人体内部。配备的人体解剖模型可以帮助用户更深入地了解人体器官和骨骼结构,而 VR 眼镜兼容所有智能手机,为用户提供沉浸式的 VR 体验,并通过访问手机应用商店获得更多内容。这一设计不仅满足了用户对学习和教育的需求,还充分融合了现代科技的元素,提升了产品的趣味性和吸引力,为用户带来全新的、丰富多彩的人体解剖学学习体验。

图 4-17　VR 人体插图互动书籍体验套装

三、互动益智法

互动益智法是一种以文化为载体、通过互动设计达到益智目的的文创产品设计方法。互动益智法的核心理念在于通过文创产品与用户的互动,以及融入益智元素,来提升产品的吸引力和实用性。互动益智法设计产品,通常会利用文化元素,例如历史、传统文化、传说故事等，以此作为产品的核心内容和设计灵感。这些文化元素不仅可以增加产品的文化内涵，还可以为用户提供学习和体验的机会，从而达到益智的目的（图4–18）。

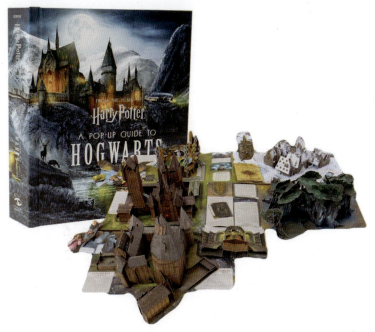

图4-18 《哈利·波特》立体书

设计师在运用互动益智法进行文创产品设计时，需要充分考虑用户的需求和兴趣，以及产品所要传达的文化信息。可以通过设计互动性强、趣味性高的益智游戏、解谜活动等方式，让用户在使用产品的过程中获得乐趣和学习的体验。同时，也可以利用智能化技术，为产品提供个性化的互动体验，从而增强用户的参与度和满意度。在互动益智法的指导下，设计师需要注重产品的技术实现和可行性，确保产品能够顺利地实现设计理念并达到预期的效果。设计师还需要进行用户调研和测试，了解用户的反馈和需求，不断优化和改进产品的设计，以提升产品的竞争力和用户体验。

实木候鸟拼图是一款集互动与益智于一体的文创产品，旨在为用户提供富有趣味性和教育意义的拼图体验（图4-19）。通过将多只小鸟拼接成一只大鸟形象的过程，这款拼图不仅培养了用户的手眼协调能力和逻辑思维，还让他们了解到不同鸟类的外貌特征和生活习性。在拼图的过程中，用户不仅完成了一幅画面，更通过每只鸟背后的简介，获得了关于鸟类的丰富知识。这种互动式的学习方式使得拼图不仅是一种娱乐方式，更是一种启发智慧、增长见识的工具。产品采用实木材质制作，确保了产品的安全性和环保性，使用户在使用过程中更加放心。产品的设计精美，图案清晰，色彩鲜艳，能够吸引用户的注意力,激发他们对拼图的兴趣和热情。同时,产品的结构设计合理,拼装过程简单顺畅,适合不同年龄段的青少年用户使用。总的来说,实木候鸟拼图集互动、益智和教育于一体,为用户带来了一场既有趣又有意义的拼图体验。通过与家人和朋友一起完成拼图,用户不仅享受到了欢乐和成就感,还增加了对鸟类的了解,培养了对生态环境的关注和保护意识。

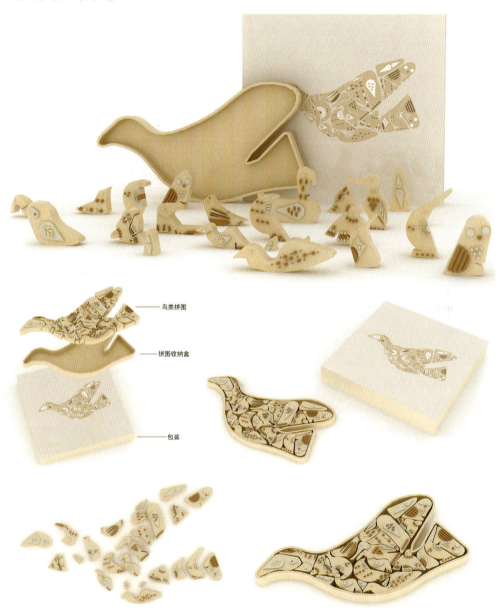

图 4-19 实木候鸟拼图(秦睿)

四、原型模仿法

在文创产品设计中，原型模仿法是一种对文化现象最为直观的表达方式，几乎没有因再设计而导致文化信息的损耗。这种方法常常被视为一种直接、有效的手段，能够将文化原型的核心特征直观地呈现出来，使产品与原型之间保持高度的一致性。无论是平面化的原型还是立体化的原型，都可以通过原型模仿法进行设计，并在产品中得以体现。在原型模仿法中，设计师首先会对文化原型进行深入的分析和理解，捕捉到其形式、色彩、纹样等典型特征。然后，设计师将这些特征转化为设计语言，并运用到文创产品的设计中，以保持与原型的一致性。这种直接的表达方式使得产品更具有代表性和可识别性，有助于提升产品的文化含量和品牌认知度（图4-20）。

图4-20　东京晴空模型

原型模仿法的另一个优势在于，大多数材料均可用于该表现方式。无论是布艺毛绒材料，还是树脂工艺材料，都可以通过原型模仿法进行表达和展示。设计师可以根据产品的属性选择适合的材料，并利用其特性来塑造产品的外观和形态，从而达到最佳的设计效果。然而，尽管原型模仿法具有诸多优势，但也存在一些挑战和局限性。例如，过于直接地模仿原型可能导致产品缺乏创新性和独特性，难以突出产品的个性和品牌特色。因此，在运用原型模仿法进行文创产品设计时，设计师需要在保持与原型一致的同时，注重加入自己的创意和想法，以确保产品的独特性和市场竞争力。

举例而言，2023年8月1日，由国家民族事务委员会主办的"铸牢中华民族共同体意识文物古籍展"在北京民族文化宫正式对外展出。展览分为三大展区，位于第三展区大团结展区的中心位置是展厅的核心展项，为七面透明旗帜组成的雕塑。设计师对此核心展项进行二次创作，设计出大团结红旗主题文具收纳盒（图4-21）。本产品的设计灵感来源于原型模仿法，这是一种将文化现象最为直观表达的方法之一。通过此法，我们得以保留文化原型的核心特征，使产品与原型保持高度一致，几乎没有因重新设计而导致文化信息的损失。在设计过程中，设计师深入分析和理解了七面红色透明的旗帜雕塑,捕捉了其形式、色彩等典型特征。然后,将这些特征转化为设计语言,并融入文具收纳盒的设计中,以保持与原型的一致。这款文具收纳盒采用了红色透明材质作为盖板,使得内部物品清晰可见,同时保留了原始雕塑的外观特点。盒身则采用胡桃木制作,赋予产品高端质感和自然美感。

图 4-21 大团结红旗主题文具收纳盒

五、叙事设计法

叙事设计法的核心在于通过创造使用语境和讲述故事的方式，让消费者在使用产品时产生特殊的体验和情感共鸣。这种方法融合了符号学和叙事学的理论，旨在通过"讲故事的设计"来彰显文创产品的文化内涵。这种设计方法能够使产品与用户之间建立更深入的情感联系，让用户在使用产品的过程中沉浸其中，感受到产品所传递的情感和文化内涵。在进行叙事设计时，设计师需要充分挖掘产品的文化背景和历史故事，使故事内容符合产品特点和目标受众的需求。设计师应抓住核心内容，简洁明了地传达产品的核心信息和文化内涵，避免故事内容过长、逻辑混乱，以确保用户能够轻松理解并产生共鸣。例如，马头琴的故事文创产品是情感与文化的完美融合（图4-22）。故事源自蒙古族传说，讲述了小牧童苏和与他的白骏马之间深厚的友情。这匹神马被贪婪的王爷抢走，并在受伤后回到了苏和身边，最终不幸牺牲。在梦中，白骏马指引苏和将其身体制作成了一把琴，以另一种形式陪伴苏和。苏和按照马的指示制作了马头琴。马头琴的声音低沉柔美，是牧民们心中的希望。这件内含四幅细腻描绘的插画图案，展现了传说中的四个关键情节和情感，分别为"神仙赐梦、冰湖遇马""赛马会场、崭露头角""遭人所害、痛失爱马""魂身俱损、长古不灭"。在应用方面，丝巾和手提袋选用高品质材料制作，不仅实用，更彰显出文化的品位。这款套装适合喜爱文化艺术和草原文化的人群，同时也是独特而有意义的礼物，传递着真挚的情感和深远的思念。

图4-22 马头琴的故事文创产品设计（任雯）

故事的连贯性和逻辑性也至关重要。故事情节应当清晰流畅,各个部分之间要有紧密的联系和自然的过渡,避免出现跳跃或断裂的情况。这样可以确保用户在阅读或体验故事时能够沉浸其中,感受到故事的吸引力和情感共鸣。此外,故事的结构应当合乎逻辑,避免出现逻辑混乱或不连贯的情况,以免影响用户对产品的理解和接受程度。设计师还应当注意故事的目标受众和表达方式。不同年龄段、文化背景和兴趣爱好的用户对故事的接受程度和理解能力有所差异,因此,在设计故事时需要充分考虑目标受众的特点和需求,选择合适的表达方式和内容。只有经过精心设计的故事、有着出色表达的故事,才能够有效地吸引消费者的注意力,最终达到产品文化被传播和体验的目标。

例如陶罐身份证盖章护照是一款集陶罐插画、互动设计和历史叙事于一体的文创产品(图4-23)。设计师将马家窑文化陶罐历史渊源进行图形化设计,每个图案都对应一个空白的陶罐位置。消费者可以使用不同的陶罐印章盖在相应位置上,形成互动体验。叙事设计法贯穿整个产品,通过讲述故事的方式,对马家窑文化的历史背景和发展脉络进行介绍,使用户在使用产品时产生情感共鸣并深入体验文化内涵。清晰连贯的叙事方式,以及符合逻辑的叙事结构,使用户能够轻松理解,并在阅读或体验过程中沉浸其中,同时也促进了文化的传播。

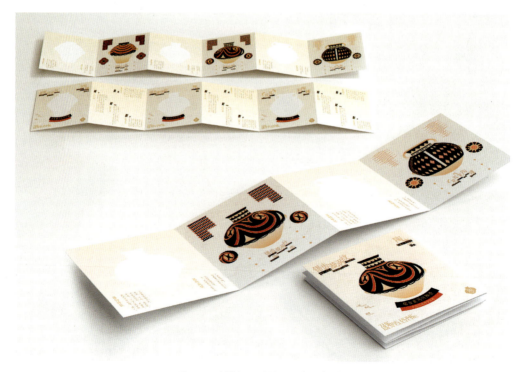

图4-23 陶罐身份证盖章护照(王镇宇)

在文创产品设计的方法论中,以上探讨了各种设计方法的应用,但应意识到不同方法适用于不同的情境和项目。总结而言,设计师不能被某一种方法所局限,而是应根据具体情况采用灵活多变的策略。每个项目都有其独特性,因此,设计师需要灵活运用不同的设计方法,以最佳方式解决具体问题。关键在于不断尝试和探索,而不是局限于特定的方法(图 4-24)。例如,系统设计法能够帮助设计师全面思考产品与环境、用户、社会等方面的关系,从而提出系统性解决方案;数据驱动法则通过数据分析和反馈,帮助设计师更加客观地了解用户需求和市场趋势,从而指导产品设计的方向,它们都具有各自的优势和适用场景。因此,在实际设计过程中,设计师可以根据项目的具体要求和特点,灵活运用这些方法,以达到最佳的设计效果。总之,文创产品设计并非一成不变,而是需要不断探索和创新。只有拥抱多样化的设计方法,灵活运用适合项目的策略,才能够更好地应对不同的挑战,实现文化与产品的有机结合,创造出具有影响力和独特魅力的产品。

图 4-24　蒙德里安绘画衍生品(蓬皮杜艺术中心)

第三节　文创产品的诞生过程

文创产品的诞生过程是一个系统性、渐进式的过程，需要设计师通过一系列有序的步骤来完成。这一过程从调研分析开始，以明确市场需求为出发点，逐步向前推进，直至最终的实物打样，确保产品的质量和市场适应性。以下是对每个阶段的深入探讨。

一、调研分析

文创产品的开发过程中，每个环节都需要深入思考与研究。文创产品从概念到实体落地，首要之务是通过调研分析明确市场需求。这一阶段不仅需要深入了解市场需求，还需要对整体行业情况进行全面宏观分析，包括市场趋势、用户反馈、产品功能、竞品优势等方面。通过综合分析，设计师可以准确把握市场的动向，发现潜在商机和挑战。

同时，在调研的过程中，还需要对文化元素进行筛选，从众多文化现象中选择具有特点性和代表性的元素，融入产品设计中，以增强产品的文化内涵和吸引力（图4-25、图4-26）。调研分析阶段的深入研究为后续的产品设计打下了坚实的基础，为整个创作过程奠定了扎实的理论和实践基础。在文创产品的调研分析过程中，设计师需要运用多种方法，包括市场调查、用户访谈、观察研究、田野调查等，以全面了解目标市场和用户群体的需求和偏好。通过收集大量的数据和信息，并运用专业的分析工具进

图 4-25　螃蟹造型儿童座椅（衣思远）

图 4-26　某品牌城市风光自然气化式加湿器

行数据挖掘和解读，设计师能够更深入地洞察市场趋势和用户行为，为后续的产品设计提供更加有针对性的方案和策略。

二、策略定位

策略定位在文创产品设计过程中扮演着至关重要的角色。在调研分析的基础上，设计师需要深入挖掘文创产品的核心竞争优势和特色定位，明确文创产品的目标市场和受众群体（图4-27、图4-28）。通过分析市场调研数据和用户反馈，确定产品的主题和风格，并建立品牌形象和价值观，为后续设计工作提供清晰的指导方向。产品定位的核心目标是确立产品在目标用户心目中的形象和地位，从而树立独特的品牌形象，吸引目标用户群体。在此过程中，策略定位应考虑产品使用者、使用方式、使用动机、市场覆盖率、

图 4-27　某品牌三明治便利贴

图 4-28　某品牌宠物食盆

产品特色等因素，以满足消费者需求为根本目标。设计师需通过寻找产品的独特性与竞品的差异，吸引目标用户并树立产品的独特形象。采用系统性的方法进行策略定位至关重要。设计师应通过市场调查、竞品分析等方式全面了解目标市场的需求和竞争环境。借助 SWOT 分析（态势分析）和 PESTLE 分析（大环境分析）等工具评估产品的优势、劣势以及外部环境的影响，以便更好地制定策略定位。

三、草图构思

草图构思不仅是对产品外观造型的表现，更涉及对产品结构、功能和用户体验等方面的推敲和设计。在草图绘制的过程中，设计师需要考虑产品的整体结构和内部组成，以确保产品在使用过程中的稳定性、实用性和安全性。通过对产品结构的细致思考和调整，设计师可以优化产品的功能布局和材料选择，提升产品的性能和品质。同时，草图构思也需要考虑消费者的使用方式和体验感受。设计师可以通过模拟用户操作的场景和过程，来评估产品的易用性和舒适度，并据此进行相应的调整和改进。通过对用户体验的深入思考和推敲，设计师可以打造出更符合用户需求和偏好的产品。因此，在草图构思的过程中，设计师应该注重对产品造型、结构以及用户体验的综合考量和推敲，通过不断的尝试和调整，逐步完善产品设计方案，实现产品的创新和优化。这种以用户为中心的设计方法能够有效地提升产品的品质和竞争力，为最终的产品设计奠定坚实的基础（图 4-29、图 4-30）。

图 4-29　iThinking 犀牛锤

图 4-30　席子模狮头面具帽草图（陈嘉轩）

四、图纸细化

在文创产品设计过程中，一旦基本的草图构思和设计形式确立，产品的整体框架便开始显现出轮廓。接下来，方案细化成为至关重要的一个阶段。方案的细化不仅仅局限于对产品的绘制，还需要考虑效果图、包装设计以及产品展示等多个方面，以全面展现设计方案的多样性和细致性。设计师需要进行详细的设计工作，包括构建产品的具体结构、形态细节、材料选择、尺寸比例等，确保设计方案的可行性和可实施性。同时，设计师需要着手进行产品的包装设计。产品包装作为消费者最直观的视觉感受之一，应与产品本身及文化主题相呼应，形成有机联系。一个优秀的文创产品包装甚至可以成为产品的一部分，与产品本身形成统一的整体体验。在包装设计的过程中，设计师需要考虑到包装的结构、材质、印刷工艺、视觉效果等方面，以确保包装的美观性、实用性和环保性。最后，设计师还需要进行产品的展示设计，以向用户展示产品的功能和特点。这可能包括制作产品的展示视频、展示样品或者是展览布置等形式，以吸引用户的注意力，并传达产品的核心价值和文化内涵（图4-31、图 4-32）。

图 4-31　三得利威士忌

图 4-32　民族面具开瓶器（孙雨轩）

五、实物打样

在文创产品设计中，实物打样是确保最终产品质量和用户体验的至关重要的一环。不论是制作玩具、装饰品、办公用品还是其他类型的文创产品，实物打样都是不可或缺的环节。在进行实物打样之前，通常会先进行数字打样，以便进行细节校正、尺寸调整等。完成实物样品制作后，还需要进行后处理和修正，如表面打磨、涂装、印刷等工艺处理，以确保产品达到预期的外观效果和质量标准。最后，制作完成的实物模型将进行全面检查和调整，确保其与设计方案的要求一致。在实物打样过程中，寻找问题并不断修正是至关重要的一环。一旦完成初步的实物打样，将对样品进行仔细检查，寻找可能存在的缺陷或不足之处，并应用带有预见性的眼光发现问题。这可能涉及尺寸不准确、材质选择不当、外观细节不符合预期、安全性不足等方面。同时，寻找志愿者进行使用测验，针对发现的问题，确定改进方案，并进行必要的修正。修正后的设计方案再次进行打样，以验证修正效果，并进一步提升样品的质量和完整性。这个迭代的过程可能需要多次进行，直到样品符合设计要求和标准为止。通过持续地发现问题、修正问题，不断完善样品，最终确保实物打样的质量和准确性，为最终产品的生产和推出奠定坚实的基础（图 4-33、图 4-34）。

图 4-33　朝鲜族传统长鼓挂件

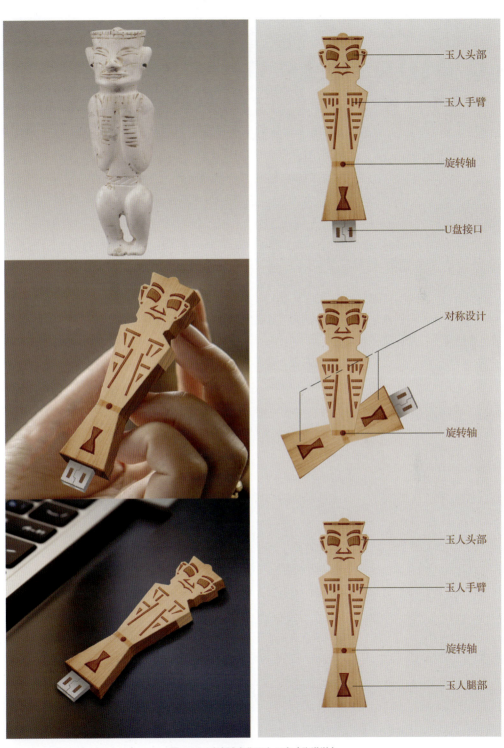

图 4-34 凌家滩文化玉人 U 盘（张潇淇）

第五章

与众不同：文创产品的创意语汇

Distinctive and Original:
Design Language for Cultural and Creative Products

第一节　形态与象征

　　文创产品设计凸显了文化元素在应用过程中的形式与功能统一的关键作用。形态设计以独特性、表达性和功能性为核心，通过形态的独特外观和比例结构，突出产品的文化特色和个性化特征。在此基础上，图形设计语言以灵活性、文化传达和视觉识别度提升为特点，运用特定的文化符号和图案，传递产品所蕴含的文化内涵和情感价值。这些文化符号和图案不仅是视觉上的装饰，更是对特定文化传统和价值观念的象征性表达，从而引发受众的共鸣和情感认同。象征意义的彰显使得文化创意产品成为文化记忆和社会交流的载体，通过特定的符号或图案，传递出特定文化的情感、价值观或主题，加深人们对文化的理解和认同。形式与功能的统一则确保产品的美观性和实用性得到兼顾，既满足了用户审美需求，又保证了产品的实用性和舒适性，为用户带来了良好的体验。文化元素在文创产品设计中扮演着不可或缺的角色，它们不仅丰富了产品的形式和内容，更深化了人们对文化传统和情感认同的理解和体验，为文化创意产业的繁荣发展注入了新的活力和内涵（图5-1）。

图 5-1　京都五重宝塔造型餐具（KOTO）

一、产品形态

　　文创产品形态设计的创意要点包括独特性、表达性和功能性。独特性是设计的首要考虑因素。产品的形态应该具有与众不同的外观,突出产品的个性和独特性。这可以通过独特的形状、线条或者结构设计来实现,使产品在视觉上与众不同,吸引消费者的眼球。比例和结构的设计至关重要。产品的比例应该协调和谐,符合人们的审美观念,不会使人产生不自然或不舒适的感觉。同时,产品的结构设计也需要考虑到实用性和稳定性,确保产品在使用过程中能够承受相应的压力和重量,不易变形或损坏。符合人体工程学也是产品形态设计的重要的考量方面。产品的形态应该符合人体的使用习惯和人体结构特点,使得用户在使用产品时感到舒适和方便。这需要考虑产品的手柄设计、按键位置以及整体的人体工程学设计,以提升产品的易用性和用户体验。文创产品的形态相较于工业产品在设计方面略简单,但从消费者的角度出发,应同样被重视(图5-2)。

图 5-2　带有虫鸣声发光纸立体摆件

　　例如图 5-3 这款文创设计作品以埃及法老的坐姿雕像为文化元素,采用书立的形态进行设计,具有融合古代文物复制品与功能性书立的双重功能。产品的形态设计旨在使其具有实用性和装饰性,同时体现出对历史文化的尊重和致敬。书立的形态设计源自埃及法老的坐姿雕像,其外观造型沿袭了古埃及文物的特征,如法老的头冠、身体姿态和装饰图案等。这些细节的保留使得产品在视觉上具有强烈的历史文化氛围,让人们仿佛能够感受到古埃及文明的独特魅力。其设计的核心功能是作为书立,可以用来支撑书籍或文件等。通过将两个雕像背靠背放置,中间形成书籍摆放的空间,实现了书立的基本功能。这个设计巧妙地将古代文物的造型与现代功能相结合,既满足了人们对于实用性的需求,又展现了对古文化的尊重和热爱,是一件具有历史文化意义的艺术品。书立的特色之一是雕像本身也是文物复制品的摆件,具有一定的收藏价值和装饰性。每一个雕像都经过精心制作和雕刻,保留了原始文物的精髓和风采,为消费者带来了独特的收藏和欣赏体验。这款书立在形态设计上兼具了历史文化的传承与现代功能的实用性，通过对埃及法老坐姿雕像的再现和功能书立的结合，展现了对古代文明的尊重和对当代生活的思考。其独特的设计理念和精湛的制作工艺使得产品具有较高的美学价值和实用性，既满足了人们对于书立的功能需求，又为家居环境增添了历史与文化的韵味。

图 5-3　埃及法老雕像书立

二、图形语言

图形语言在文创产品设计中具有诸多优势，其中包括创意表达的灵活性、文化符号的有效传递和视觉识别度的提升。首先，图形设计的灵活性使得设计师能够通过各种形状、线条和颜色等元素，灵活地表达产品的创意和理念，创造出丰富多样的视觉效果。其次，图形设计能够有效地传递文化符号和价值观念，通过对特定文化符号的运用和诠释，使产品具有更深层次的文化内涵和情感共鸣，提高产品的艺术性和文化品位。最后，优秀的图形设计能够显著提升产品的视觉识别度，使其在竞争激烈的市场中脱颖而出，吸引更多消费者的关注和喜爱。图形设计在文创产品设计中具有重要的地位和作用，其灵活性、文化传递性和视觉识别度的提升，为产品的设计与推广带来了独特的优势和价值。图形语言类文创产品具有多重优势。它们简洁直观，能以简单的形式传达复杂的概念，清晰明了地表达产品信息；跨文化传播能力强，不受语言和文化限制，全球范围内易于理解和接受；易于记忆，简洁直观的特点使其更易被识别和记忆；灵活多样，运用丰富的表现形式和样式满足不同审美需求（图 5-4）。

图 5-4　锡伯族万里戍边主题胶带（杨子馨）

挪威雪花图案源自挪威丰富的自然和文化传统，具有悠久的历史和深厚的文化渊源。这些图案通常以雪花、动植物、几何图形等元素为基础，以独特的方式呈现出挪威独有的艺术风格和图形语言。挪威雪花图案不仅在挪威本土具有重要的文化意义，也逐渐成为国际上广受欢迎的艺术元素和设计素材（图 5-5）。在文创产品设计中，挪威雪花图

图 5-5　挪威雪花图案文创产品

案被广泛运用于各种领域,如衣服、配饰、装饰、针织品等,形成了独具特色的图形语言。在服装设计领域,雪花图案常被运用于卫衣、毛衣、围巾等秋冬季服饰上,以其精美的图案和独特的设计风格吸引着消费者的目光。这些图案不仅可以增添服装的装饰效果,还能够体现挪威文化的独特魅力和艺术价值。在配饰设计方面,雪花图案常被用于首饰、箱包等配件上,为产品增添了精致和雅致的气质。这些图案设计精美、线条流畅,展现了挪威文化的优雅和典雅,成为时尚界备受追捧的经典设计元素之一。在装饰领域,雪花图案也被广泛应用于家居装饰品、餐具、文具等产品上,为生活环境增添了温馨和舒适。这些图案不仅可以装点家居空间,还能够为生活带来北欧风情和浪漫情怀。

三、象征意义

文创产品的象征意义是指其所承载的符号、图案或形态背后蕴含的文化、历史或情感内涵。这种象征意义具有深远的文化价值和社会意义,其反映了特定文化和历史传统的延续和传承。例如,某些产品可能采用了古代文化符号或传统图案,以此展现对传统文化的尊重和传承。其次,这种象征意义还反映了社会价值观和情感认同的表达。文创产品往往通过特定的符号或图案,传递出某种特定的情感、价值观或主题,引发观众的情感共鸣和认同。此外,文创产品的象征意义还可以作为社会和文化记忆的载体。某些产品可能具有特定历史事件或社会现象的象征意义,成为人们共同的文化记忆和历史符号。文创产品的象征意义也可以成为文化交流和沟通的桥梁。不同文化背景的人们通过对这些象征意义的解读和理解,增进彼此之间的交流与理解,促进多种文化的交流与共融。因此,从学术角度来看,文创产品的象征意义不仅是产品本身的外在表现,更是文化、历史和情感的传达与交流(图5-6)。

图5-6 醒狮冰箱贴(袁玉润)

图 5-7 是一款檀香扇的文创产品，以九件不同的民族乐器为文化元素，巧妙融合于檀香扇的形态之中。这款檀香扇的形态设计借鉴了传统檀香扇的外观，但在细节上进行

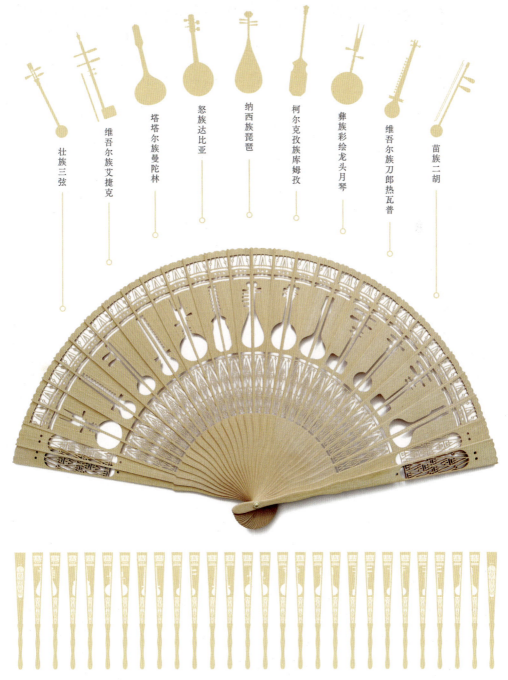

图 5-7　民族乐器檀香扇（王镇宇）

了创新，使其更具现代感和艺术美感。扇面采用轻巧柔软的檀香木制作，手柄部分则为光滑圆润的设计，既符合人体工程学，又增加了握持的舒适度和稳固性。整体造型简洁大方，线条流畅自然，彰显出传统与现代的完美结合。作品选择了九件具有中华民族特色的不同民族代表性乐器作为文化元素，这些民族乐器代表了丰富多彩的民族文化和音乐传统。将这些乐器巧妙地融合于同一把檀香扇的设计中，不仅突出了民族乐器的特色，展示了民族乐器的独特魅力，还为传统檀香扇注入了新的文化内涵。采用镂空的方式将乐器图案嵌入檀香扇中，使得这些乐器的负形在扇子打开时能够清晰可见。这种设计不仅增加了产品的艺术美感，还为用户带来了一种独特的视觉体验，使得扇子更加具有观赏性和装饰性。将传统的民族乐器与传统檀香扇的形态结合起来，体现了文化的传承和创新，也强调了民族文化的丰富多样性和包容性，进一步表达铸牢中华民族共同体意识。这款檀香扇为用户带来了一种融合传统与现代、文化与艺术的全新体验。它不仅是一把具有实用功能的扇子，更是一件富有文化底蕴和情感表达的艺术品。这款作品象征着中华民族共同的文化意识和文化价值，融合了不同民族间的交往、交流、交融，是一种对中华民族文化传统和多样性的崇高致敬。

四、形式与功能

文创产品设计中，形式与功能的统一是关键之一。形式指文创产品基于设计的外观形态，多数时候也是文化元素的价值体现；功能则是产品实际使用时所具备的性能。这种统一意味着文创产品的外观形态与功能特性之间相辅相成、相互促进，在保证产品的美观性和吸引力的同时，满足用户的实际需求。形式与功能的统一提升了产品的美感和观赏性，增强了用户的审美体验，并有利于产品在市场中的推广和营销。同时，它优化了用户体验并提升了产品的实用性，确保产品的外观设计与功能特性相匹配，为用户提供便捷、舒适的使用体验。这种统一还有助于提升产品的竞争力和市场地位，吸引更多消费者的关注和选择。因此，在文创产品设计中，设计师应注重形式与功能的协调与统一，不断优化产品的外观形态和功能特性，创造出更具吸引力和实用性的产品。如果过分强调形式美感而忽视功能性，可能导致产品在实际使用中存在问题，影响用户体验，降低产品的可接受度和市场竞争力。反之，如果过分追求功能性而牺牲了形式美感，忽略文化元素的表现，虽然产品可能具有实用性，但却缺乏吸引力，难以引起用户的兴趣，导致销售低迷或者市场表现不佳。因此，形式与功能的统一对于文创产品的成功至关重要，它既能够满足用户的审美需求，又能够实现产品的实用性，为产品的发展和推广奠定坚实的基础（图5-8）。

第五章 | 与众不同：文创产品的创意语汇 | 111

图 5-8　佑玄堂生肖系列雕刻咖啡杯

　　例如图 5-9 中以花押为文化元素的文创产品设计，是将花押进行图形化并产品化，创造出多功能的装饰品。花押是中国古代一种独特的签名风格。在本设计中，将花押图形化并应用于多种产品中，以满足不同场景下的需求。首先，设计师对花押进行了图形化处理，并设计了切口，使其能够方便地拼装成小方盒。选择亚克力材质并采用激光雕刻技术，确保了产品的质感和视觉效果。这种设计不仅能展现花押的艺术魅力，还赋予了产品实用性和美观性。其次，设计师在这些小方盒内放置声控蜡烛，创造出了多功能的小夜灯设计。声控蜡烛的加入赋予了产品照明功能，使其在夜间成为一款温馨的灯具，同时还可以通过亚克力材质的透明性，展现花押的图案，营造出独特的氛围。另外，小方盒还可以搭配精油，将小方盒用作香薰产品的容器。用户可以在小方盒中放入精油，营造出愉悦的香薰环境，同时又可以欣赏到花押的装饰效果，使产品具有双重的功能和美感。此外，单片的花押还可以用作钥匙扣、挂件、首饰等其他装饰品，充分发挥了花押文化元素的艺术魅力和实用性，为用户提供了多样化、多功能的装饰品，提升了文化产品的价值和吸引力。

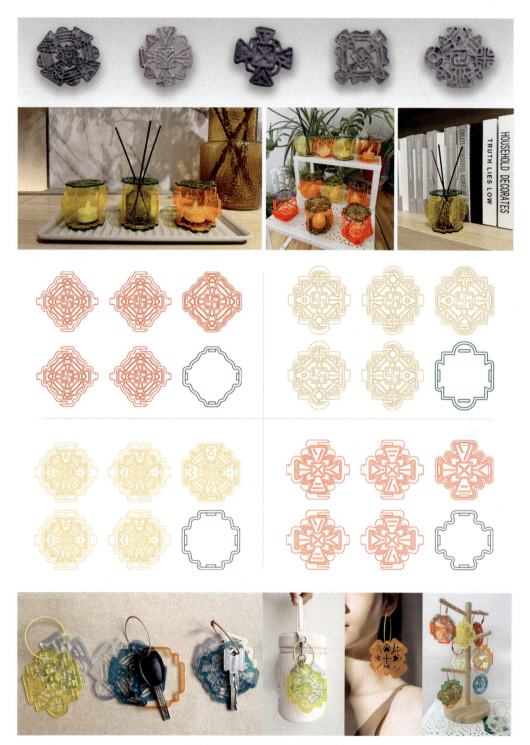

图 5-9 以花押为文化元素的文创设计

第二节 插画的魅力

在文创产品设计中，插画是喜闻乐见的表现形式，并扮演着至关重要的角色。首先，插画能够为产品赋予生动的叙事性和情感表达。精心设计的插画不仅装点了产品的外观，更能通过图像的内容讲述产品背后的故事，引发用户的文化共鸣和情感共鸣。其次，插画设计紧密围绕产品的主题和设计理念展开，使其能够准确地为文创产品服务，突出产品的特色和核心价值。通过鲜明而生动的插画形象，可以增强产品的辨识度和吸引力，吸引用户的注意力和兴趣。此外，插画的调性和风格应与产品的定位和目标用户相匹配，无论是卡通、手绘还是复古风格，都能准确地表达产品所要传达的情感和氛围，为不同年龄段的消费者带来愉悦的视觉体验。同时，插画类文创产品的衍生品类别丰富，但多在文创产品的表面上应用。虽然插画在文创产品设计中起到了重要作用，但多数时候插画类文创产品可能仅停留在产品的表面装饰上，没有深入到产品的内涵和核心故事中。这种在表面应用的插画虽然可以增加产品的观赏性和艺术性，但常常不能与产品的主题和功能紧密结合（图 5-10）。

图 5-10　傣族风情插画（吴婕）

一、插画类文创产品设计原则

　　插画类文创产品设计时应注重插画的主题和故事情节相称,确保其与产品核心主题和文化内涵相契合,以生动的图像表达所要传达的信息和情感。插画的风格应具有鲜明的特点,并与产品整体风格一致,形成统一的视觉效果。设计时应考虑产品定位和目标用户。合适的色彩搭配能够增强插画的吸引力和表现力。插画的构图和细节处理也至关重要,合理的构图能够引导观众的视线,突出画面的重点,精细的细节处理则能增加插画的质感和层次感。插画类文创产品设计需要在主题、风格、色彩、构图和细节处理等方面做出精心的考虑和设计,以确保插画能够有效地传达产品的信息和情感,吸引用户的注意力,提升产品的吸引力和竞争力(图5-11)。

图5-11　动物插画(张悦)

这组名为《圣彼得堡街景》的书签采用插画方式绘制，旨在通过图像呈现圣彼得堡的街道特色景观，体现其独特的氛围和风情（图 5-12）。设计师注重插画的结构与现实街景的完美契合。每一张书签都经过精心设计，力求让插画与实际街道景观无缝对接。主要地标建筑物被准确地呈现在书签的顶部，在合上书的时候，标志性建筑物也会被露出来，使得观者一眼就能够识别出圣彼得堡这座城市的独特风貌和地标建筑，从而增强了作品的真实感和可信度。书签整体风格一致，形成统一的视觉效果，给人以整体的美感和协调性。这种表现方式不仅让插画更具生动感和真实感，也使得观者能够更加深入地感受到圣彼得堡这座城市的魅力和文化底蕴。尽管每张书签的构图各有不相同，但通过有一定呼应关系的色调和配色方案，成功地营造出了整体的和谐感和统一感。色彩的运用不仅使得插画更加生动活泼，也增添了作品的视觉吸引力和艺术价值。街道结构的精准表达、细节的丰富和色彩的运用，使得书签具有良好的视觉效果和吸引力，成功地表达了圣彼得堡独特的街景和城市氛围，为观者呈现了一幅栩栩如生的城市画卷，让人仿佛置身其中，感受到了城市的魅力和活力。

图 5-12　圣彼得堡街景书签（Anya Zairova）

二、叙事性插画

　　叙事性插画是一种通过图像叙述故事情节的插画形式，其独特之处在于强调故事性和叙事性。在设计叙事性插画时，关键在于通过图像来讲述一个连贯的故事，使观者能够通过视觉感受到情节的发展和情感的表达。设计师需要精心构思故事情节，确定故事的主题和情感走向，选定要表达的时间节点，确保插画能够准确地表达所要传达的信息和情感。在构图和画面设计上，需要注意插画各个部分之间的连贯性和衔接性，通过合理的排版和布局，使整个故事情节能够清晰地呈现在观者面前，避免故事间连接生硬。在选择色彩和风格时，也应考虑故事的氛围和情感表达。选用合适的色彩和风格能够增强插画的叙事效果和情感表达力。此外，细节处理也至关重要，精心设计的细节能够丰富故事的情节和情感内涵，为观者提供更加丰富的阅读体验。例如，蓬皮杜艺术中心的插画类文创产品，生动记录了参观游览艺术中心的过程，用插画中主人公参观过程的叙述，展示艺术中心的相关情况。作品结构严谨、故事性强、繁而不乱、长而不冗、段落分明。画作中一些关键的节点设计，为作品增加了亮点（图 5-13）。

图 5-13　蓬皮杜艺术中心的插画类文创产品

　　又如图 5-14 中的文创日历以丝绸之路为创作灵感，是一次跨越千年的文化之旅。日历以丝绸之路沿线十二座重要城市作为每个月份的主题，将各地特色建筑等元素融入叙事性插画中，呈现出丰富多彩的丝路文化。其中，长安作为丝绸之路的起点，是汉唐政治、经济、文化中心，承载着中华民族千年文明的厚重。这一设计巧妙地利用了叙事性插画的手法，通过图像和文字的结合，向观者展示了丝绸之路沿途的别样风景和历史风貌。每张日历的叙事性插画都是一个独立的故事，通过建筑、人物和景物的描绘，展现了丝绸之路沿线城市的独特魅力和历史风貌。整个日历的设计灵感来源于丝绸之路的历史文化，将十二张日历整体重叠在一起时，形成了一张完整的丝绸之路画卷，象征着丝绸之路的全程。而每一张日历又可以独立存在，互不影响，为观者提供了欣赏丝绸之路文化的多种方式，使观者仿佛走过了丝绸之路的全程，感受到了不同地域、不同文化的魅力与风情。这种叙事性插画的设计，不仅展现了丝绸之路沿线城市的景观和历史，更通过时间的串联，呈现出了丝绸之路文化的延续和传承。同时，这款文创日历还具有教育意义，为观者提供了一次沿着丝绸之路的文化探索之旅，启发了人们对历史和文化的思考和探索。

图 5-14　丝绸之路日历（刘笑嘉）

三、装饰性插画

装饰性插画的主要特点在于其注重对产品外观的装饰和美化。在设计装饰性插画时，设计师需要考虑到插画的视觉效果和装饰性质，以提升产品的整体美感和吸引力，应根据产品的特点和设计主题，精心选择插画的内容和风格。设计师需要注意插画与产品的整体结构和比例的协调，以保证插画与产品相互融合，形成统一的整体视觉效果。在细节处理上，精心设计的细节能够为插画增添趣味和生动性，使其更具装饰性和吸引力。

在应用装饰性插画时，设计师需要根据产品的表面特性和材质选择合适的印刷或绘制工艺，确保插画能够清晰、完整地展现在产品表面，从而实现产品外观的美化和装饰效果。装饰性插画常常受到文物文化元素中装饰性纹样的启发与影响。设计师可以从古代文物中提取各种具有历史与文化内涵的装饰性纹样，并将其巧妙地融入插画设计中（图5-15）。这些装饰性纹样不仅赋予了插画独特的历史韵味，还能够满足现代人对于传统文化的喜爱和追求。通过对文物中纹样的挖掘和重新诠释，设计师可以创造出具有独特魅力和时代感的装饰性插画，既传承了历史文化，又满足了现代人的审美需求。

图 5-15　传统陶罐图案夹子（邱欣妍）

例如，代尔夫特蓝陶是一种源自荷兰代尔夫特市的陶瓷制品，起源可以追溯到16世纪。代尔夫特蓝陶的特点是白色陶瓷背景上绘制蓝色的图案，通常包括风景、人物、花卉等各种图案，其装饰精美、风格独特，深受人们的喜爱。图5-16中的陶瓷文创产品的创作灵感来源于阿姆斯特丹的运河房屋，这些独具特色的建筑是荷兰首都阿姆斯特丹的标志之一，也是荷兰文化的重要象征。设计师将运河房屋的建筑造型与代尔夫特蓝陶的陶瓷材质，附加陶瓷表面装饰性插画相结合，创作出了一件独具特色的陶瓷房子文创产品。而在装饰性插画的设计上，结合了传统建筑图案和运河房屋的特征，打造出了独一无二的装饰效果。插画师以流畅的线条勾勒出房屋的轮廓和细节，同时描绘了阿姆斯特丹人文的景致，将荷兰独特的建筑风格融入陶瓷房子的装饰之中。每一栋房屋都采用了精细的蓝色插画装饰，描绘了不同的建筑特征和细节，例如拱形门廊、尖顶屋顶和对称排列的窗户等，这些细致的装饰使得每一栋房屋都栩栩如生，充满了活力和生气。这些插画不仅为产品增添了艺术气息，更丰富了产品的文化内涵，让消费者在欣赏的同时，也能感受到荷兰独特的文化魅力和历史底蕴。这件陶瓷房子文创产品不仅是对荷兰传统文化的致敬，也是对代尔夫特蓝陶工艺的传承和创新。

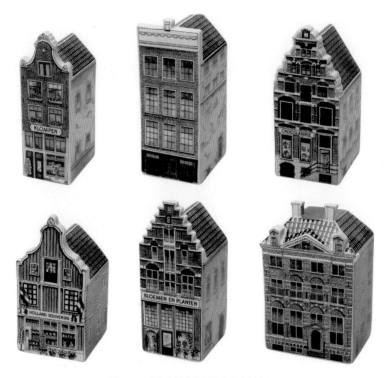

图 5-16　代尔夫特蓝陶运河房屋文创产品

四、衍生品类丰富

　　插画的广泛应用不仅丰富了文创产品的形态和外观，还为产品赋予了独特的视觉魅力和情感表达。在不同的文创产品衍生品类中，插画的应用呈现出多样化和丰富性。首先，插画在文创产品的图书出版领域中的应用是最为直观的方式之一。图书可以更好地吸引读者的注意力，增强读者的阅读体验。插画可以用来描绘故事情节、刻画人物形象，或者展现抽象概念，从而使图书内容更加生动有趣，深受读者喜爱。其次，插画在文创产品的文具用品中也占据着重要地位。例如，插画可以应用于笔记本封面、笔筒、贴纸、书签等方面，为文具用品增添了个性化和趣味性。精美的插画设计不仅可以提升文具用品的美观度，还能够吸引消费者的注意力，促进文具用品的销售。此外，插画在文创产品的服装和配饰领域也有着广泛的应用。设计师可以将插画作为服装图案或配饰图案的设计元素，赋予服装和配饰独特的艺术气息和个性魅力。精美的插画设计可以为服装产品增添时尚感和独特性，吸引消费者的眼球，提升品牌形象和竞争力，如较为常见的丝巾。总之，插画在文创产品的衍生品类中的丰富应用，不仅丰富了产品的形态和外观，还为产品注入了更多的文化内涵和艺术气息（图 5-17）。

图 5-17　彝族传统戏曲剧种撮泰吉文创设计（董佳琪）

　　例如"梦里南国"主题文创设计以云南西双版纳独特的生态风景和少数民族文化为创作背景，致力于将这片热带雨林的神奇与魅力通过插画艺术进行展现和传达（图5-18）。西双版纳作为中国热带生态系统保存最完整的地区，以其丰富多样的植物和动物资源，以及浓郁的少数民族风情而闻名于世。作品通过插画的形式，将西双版纳的自然景观、民族文化和独特氛围生动地展现出来。设计师从热带雨林、神秘的动植物、少数民族的传统服饰、建筑风格等方面提取了具有代表性的文化元素，运用细腻的插画技巧将它们栩栩如生地呈现出来。通过插画的形式，可以表现出热带雨林的茂密植被、多样化的动植物，以及少数民族的生活场景和传统习俗，从而使观者仿佛置身于西双版纳的大自然和民俗风情之中。作品创作流程采用单体创意设计的方式，将提取的文化元素进行单体设计，并通过不断的组合和衍生，形成新的、完整的插画设计作品。这种设计手法不仅能够保留每个文化元素的独特性和原始韵味，还能够通过组合和衍生，创造出更加丰富的可能性，使其更具有观赏性和收藏价值。由于插画在文创产品设计中具有良好的适配性，可以与各种产品进行匹配，因此衍生品类也非常丰富。基于"梦里南国"这一设计主题，还可以创作出很多文创产品的衍生品，如T恤、手提包、文具、家居装饰品等，从而满足不同人群的需求和喜好，拓展了文创产品的应用领域和市场空间。

第五章 | 与众不同：文创产品的创意语汇 | 121

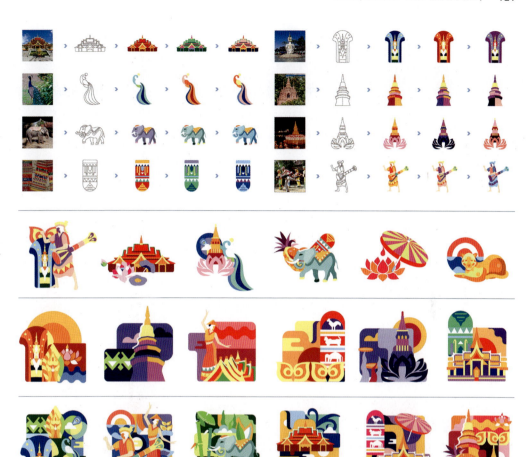

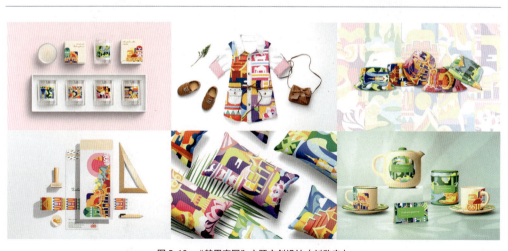

图 5-18 "梦里南国"主题文创设计（刘欣宇）

第三节 色彩与表现

在文创产品设计中,色彩是一种重要的表现工具,其运用不仅可以增强产品的视觉吸引力,还能传递丰富的情感和文化内涵。色彩的运用应该考虑到文化元素固有的色彩搭配。文化传承在文创产品设计中具有重要意义,而传统色彩搭配往往承载着丰富的历史和文化内涵。设计师可以借鉴文化元素固有的色彩搭配,将其融入文创产品设计中,以传承和展现特定文化的独特魅力。然而,色彩的运用也面临着一定的争议性。不同文化背景、习俗和审美观念的人可能对色彩产生不同的理解和解读,因此在跨文化设计中,设计师需要审慎考虑色彩的选择和运用。一些颜色在某些文化中可能具有负面含义,而在另一些文化中却可能被视为积极的象征。设计师需要对目标受众的文化背景和偏好进行深入的了解,以确保色彩的运用能够得到正确的理解和接受。除了考虑传统色彩和文化元素外,设计师还应注重色彩的表现力和情感传达。色彩不仅可以影响人们的情绪和情感,还能够传递产品的品牌形象和创意理念。因此,在文创产品设计中,设计师需要选择恰当的色彩搭配方案,以达到所需的表现效果,将产品的文化内涵和创意理念通过色彩展现出来,从而提升产品的艺术性和文化品位(图5-19)。

图 5-19 新加坡城市天际线光影香薰

一、色彩构成

在考虑文化元素原有色彩的情况下,色彩构成的重要性不言而喻的。文化元素所固有的色彩常常承载着特定历史、传统和情感内涵,因此,正确地利用这些原有色彩对于产品设计至关重要。设计师应该深入了解文化元素背后的含义和象征,以确保所选取的色彩能够准确地传达产品所要表达的文化内涵。同时,要在色彩构成中结合文化元素的原有色彩,使之与产品的整体设计风格相融合,呈现出一种浑然天成的视觉效果。这不仅可以强化产品与文化之间的关联,还能够从色彩的角度增强产品的独特性和个性化。此外,合理地搭配和对比文化元素的原有色彩,可以提升产品的视觉吸引力和辨识度,使其更具有文化品位和艺术价值。深入理解色彩构成原理可以帮助设计师准确地把握色彩的表现力和影响力,从而更好地运用色彩构成原理来达到设计的目标。设计师应根据产品的定位、受众群体和文化背景等因素,选择合适的色彩搭配方案。这需要综合考虑色彩的明度、饱和度、对比度等因素,以及色彩在不同文化环境中的含义和效果,从而确保所选取的色彩能够准确地传达产品所要表达的信息和情感。设计师应通过调整色彩的比例、搭配和变化等手段,来达到不同的设计效果,还应当不断进行实践和调整,以验证所选取的色彩方案是否能够达到预期的效果(图5-20)。

图5-20 民族刺绣便利贴(付嘉平)

例如图5-21中名为"乐见交融"的扇子,以传统民族胡乐为主题,展现了中华民族多元文化的交融与和谐。作品选取了西藏筒钦、箜篌、横笛和中阮四种具有代表性的民族乐器,通过扇子的设计将这些乐器与人物形象相融合,构成了一个具有民族特色的乐队形象,突出了民族文化交流与融合的主题。在色彩的构成上,作品力求从民俗文化中提取色彩,并进行构成设计,以体现中华传统文化的韵味。针对不同乐器所代表的不同民族文化特色,选择了相应的主色调。这些主色调的选择,使得每个人物形象在色彩上都能够准确地体现其所代表的民族特色和文化内涵。考虑到作品整体的色彩和谐性,采用了相近色系的配色方案。通过选择与主色调相近的色彩进行衬托和呼应,整个作品色彩过渡自然,不会出现过于突兀或不协调的色彩对比。同时,在人物形象的衣着、背景纹样等细节处理上,也尽可能地运用了与主色调相配的色彩,以保持整体色彩的统一性和连贯性。在人物形象的着色上,采用了抽象的变化和明暗处理,使得色彩更具层次感和立体感,同时也增强了作品的视觉吸引力和艺术表现力。通过以上色彩的运用,作品中每个人物形象都具有生动的情感表达,展现出他们在演奏中的激情与投入,同时也体现了民族文化的丰富内涵和生命力。扇子的把手与人物的躯干共生合为一体,组成一个完整的具有民族特色的人物形象,四把扇子便组成了一个乐队正在演奏的形象。"乐见交融"扇子作品展现了从"洛阳家家学胡乐"到"万里羌人尽汉歌",各民族在民族融合中形成了强大的文化认同,铸就了追求团结统一的民族精神,通过中华传统文化的丰富韵味和多元特色,体现了民族文化交流与融合的主题和情感内涵。

图5-21 "乐见交融"扇子(马筱晴)

二、色彩的象征

在文创产品设计中，通过对特定形象的选择和色彩搭配，设计师能够巧妙地暗示特定的人物、情感或意义，以表达深刻的思想和情感内涵，这种艺术表现手法被称为象征。色彩的象征性表现效果尤为显著。色彩的象征性寓意深刻，能够引发观者深层次的联想和情感共鸣，激发观者的想象和思考，从而使作品更具有文化内涵和艺术价值。色彩的象征性表现效果能够表达真挚的情感，让人们更容易理解和接受所传达的情感和意义，增强作品的表现力和感染力。通过对色彩的精准运用和搭配，能够使作品充满温情和生活气息，让人产生共鸣和感动。例如图5-22是一款以中国传统文化为主题的文创产品，选择了红色和金色作为主色调，这两种色彩在中国文化中常被视为吉祥和富贵的象征。这样的色彩选择，不仅能够展现中国传统文化的魅力和底蕴，还能够赋予产品以吉祥祝福的寓意，吸引消费者的注意和喜爱。不同的色彩选择会带来不同的情感和意义，设计师需要根据产品的主题和目标受众，精心选择和搭配色彩，以实现最佳的表现效果。

图 5-22 十二生肖冰箱贴（刘杨）

又如葡萄牙的阿祖蓝（Azulejos）瓷砖花纹是一种富有象征意义的文化元素，深深扎根于葡萄牙的历史、文化和传统之中。这些花纹不仅是装饰性的图案，更是葡萄牙人民对生活、信仰和未来的寄托和表达。阿祖蓝瓷砖花纹象征意义丰富，在当地有大量的相关文创产品传承和展示这种独特的文化符号以及葡萄牙的独特魅力（图5-23）。阿祖蓝瓷砖花纹中的蓝色具有海洋的象征意义。葡萄牙作为一个海洋国家，大海对其有着重要的意义，海洋精神是葡萄牙人民的骄傲和传统。因此，当地的文创产品设计经常以蓝色为主色调，呈现出蓝色海洋的壮丽景象，表达对海洋的敬畏和热爱。阿祖蓝瓷砖花纹还反映了葡萄牙的传统与文化，如民俗、手工艺品等。这些图案代表了葡萄牙人民的生活方式和文化认同。因此，这款文创产品设计以传统文化元素为主题，展示葡萄牙丰富多彩的文化遗产和民族风情。阿祖蓝瓷砖花纹中的蓝色也象征着幸福、繁荣和美好未来。蓝色在许多文化中都被视为吉祥的颜色，代表着对幸福和繁荣的向往和祝愿。阿祖蓝瓷砖花纹的文创产品通过色彩、图案和设计手法，展现葡萄牙独特的文化魅力和传统价值观。这款文创产品不仅是对阿祖蓝瓷砖的致敬，更是对葡萄牙悠久历史和丰富文化的传承和弘扬。

图 5-23　葡萄牙阿祖蓝瓷砖花纹文创设计

三、焦点配色

　　焦点配色旨在吸引观众的注意并突出文创产品的重点和特色。焦点配色的目标在于通过选择和运用特定的色彩搭配，使产品的某些部分或特定元素成为视觉上的焦点，从而立刻凸显出来。这种色彩策略涉及对色彩心理学原理和视觉效果的深入理解，以及对产品整体设计理念和目标受众的综合考量。焦点配色的设计过程需要分析产品的整体构成和设计需求，确定需要突出的部分或特定元素。随后，设计师会根据产品的主题、品牌形象以及目标受众的审美偏好，选择合适的色彩方案来实现焦点配色的目标。这可能涉及对比色的选择，或者在整体色彩中添加高亮色或饱和度更高的色彩来突出特定区域。在实践中，焦点配色的效果取决于色彩的使用位置、面积和对比度等因素。通过巧妙地运用焦点配色，设计师可以引导观众的视线，使其更加关注产品的重点部分，从而增强产品的视觉吸引力和辨识度。在产品的视觉传达中，焦点配色不仅仅是一种色彩选择，更是一种视觉引导和沟通策略，能够有效地传递产品的设计理念和价值观，从而达到"万绿丛中一点红"的视觉效果。因此，焦点配色应灵活地运用于实际设计中，以创造出更具有视觉冲击力和吸引力的产品（图5-24）。

图5-24　凤翔十二生肖泥塑再设计（华政鸣）

　　在图5-25这款文创设计作品中，焦点配色起到了关键的视觉引导和情感传递作用。设计师以陶瓷制成的古埃及河马威廉为文化元素，以蓝色为主色调，突出了焦点的主色控制。蓝色在整体设计中扮演着主导角色，是文化元素原有样式的体现。然而，在这一主色调的背后，红嘴绿身的红嘴牛椋鸟的存在成为焦点的关键。这只鸟儿以红色的嘴和绿色的身体在蓝色河马的身上形成鲜明的对比,吸引了观者的目光,为作品增添了活力和趣味。焦点配色的设计不仅在色彩层面上起到了突出重点的作用,更在情感传递和故事叙述上具有深远意义。红嘴牛椋鸟不仅是一种色彩对比,更是一个富有生命力和活力的元素。它以活泼的形象和色彩与河马形成了对比,凸显了两者之间的互动和关系。这种色彩对比和形象对比不仅吸引了观者的注意,更引发了他们对作品背后故事的好奇与想象。除了色彩的运用外,这款设计作品还融入了机械传动装置,通过摇把将动力传递到河马身上的鸟儿,实现了红嘴牛椋鸟为河马驱虫的功能。这一设计不仅增加了作品的互动性和趣味性,也使得整个场景更加生动逼真。观者通过摇动把手,与作品进行互动,进一步加深了对作品故事和文化内涵的理解与体验。因此,焦点配色的选择并不仅仅是对色彩的运用,更是对情感和故事表达的一种呈现。

图 5-25 河马威廉机械传动文创设计

四、色彩心理

　　色彩心理学研究色彩对人类情绪、认知和行为的影响，因此在文创产品设计中，设计师可以运用色彩心理学的原理来塑造产品形象、引起用户情感共鸣，以及提升产品的吸引力和竞争力。精心选择和运用色彩，可以使产品形象更加鲜明和突出，增强消费者对品牌的认知和记忆。色彩具有直观和情感上的吸引力，能够直接触发人们的情绪反应。通过合理运用色彩，设计师可以在产品中营造出特定的情感氛围，使用户产生共鸣和情感连接。人们对于色彩的偏好和反应是个体化的，但也存在一些普遍的色彩偏好和共识。设计师可以利用这些共识性的色彩特点，使产品在市场中更加突出和引人注目。例如在食品行业中，红色和黄色常被用来吸引消费者的注意力，而在健康和生态产品中，绿色则被视为积极的象征。通过运用这些色彩心理学原理，设计师可以使产品更具吸引力和市场竞争力。通过深入了解用户对色彩的心理反应和偏好，设计师可以更好地满足用户的需求，实现文创产品设计的良好效果（图5-26）。

图 5-26　非洲部落面具冰箱贴

　　图5-27中文创笔记本的设计文化元素源自东京晴空塔，以其独特的地标形象和璀璨的蓝天色彩为设计核心，在色彩选择上突出东京晴空塔的象征意义，更深入地考虑了色彩心理学对用户情绪和体验的影响。笔记本采用了高空远望所得的深邃渐变的蓝天色调作为主色调，融合了天空中常见的彩虹色彩，以营造欢快和愉悦的视觉效果。蓝色作为主导色，象征着宁静、梦想和远方，与东京晴空塔的高耸形象相得益彰，呈现出深邃和沉稳的氛围。同时，彩虹色彩的运用进一步丰富了笔记本的色彩层次，为产品注入活力和惊喜，与东京晴空塔作为旅游胜地的背景相契合。通过这种设计，笔记本旨在让使用者在书写和记录的过程中感受自由、轻松和愉悦的心情，仿佛置身于东京晴空塔的顶

端,仰望着辽阔的天空。这款文创笔记本以其独特的色彩搭配和情感表达,展现了文化创意产品的独特魅力和吸引力。

图 5-27　晴空塔笔记本

第四节　材质与质感

在文创产品设计中,材质与质感是至关重要的方面之一,它们直接影响着文创产品的外观、触感和整体品质。材质选择不仅决定了产品的外观特性,还关乎产品的实用性、耐用性和环保性。质感是对材质表面特性和触感特征的综合体现,它不仅为产品赋予了丰富的观感体验,还能够影响消费者的购买决策和使用体验。因此,在文创产品设计中,如何巧妙地选择和搭配材质,突出展示文化元素,以及如何以材质为创意点创造出丰富多样的质感效果,成为设计师需要认真思考和研究的问题。通过文化元素来选择产品的材质是一个至关重要的过程,需要对文化元素进行深入分析和理解。设计师在此基础上可以更加准确地选择适合的材质,使文创产品与文化元素相得益彰,在达到良好的文化表达和审美效果的同时满足使用功能。因此,材质与质感的设计需要设计师细致入微地思考,以确保产品在外观、实用性和观感体验上都能达到理想效果(图 5-28)。

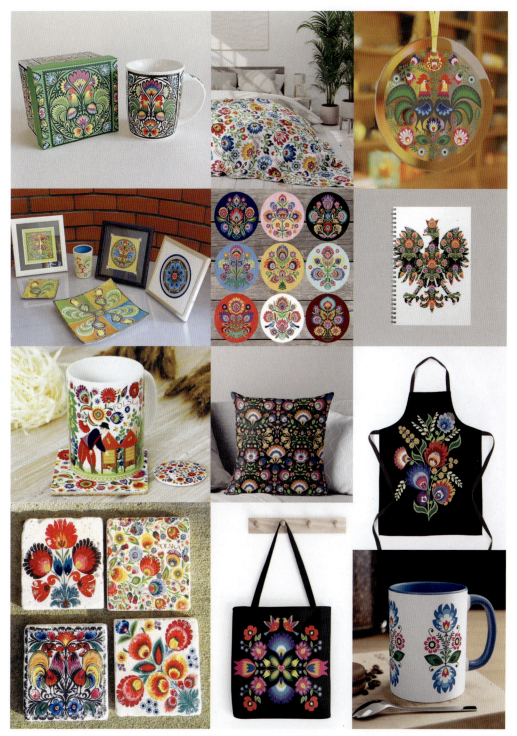

图 5-28　波兰剪纸文化元素应用于不用材质的文创产品

一、材质选择

在文创产品设计中，材质选择至关重要，它直接决定了产品的外观、质感以及用户在使用中的体验感。材质选择需要考虑到产品的设计理念、功能需求以及目标受众。设计师需要根据产品的定位和主题来选择适合的材质，以达到设计预期的效果。金属材质能带来光泽和现代感，适合于设计时尚、高端的产品（图5-29）；布艺材质能赋予产品柔软和舒适的触感，适合于家居用品等领域；塑胶材质具有丰富的造型和色彩选择，常用于文创产品的外壳和细节部分，其轻巧、柔软和易加工的特性，使得产品更具有灵活性和多样性。因此，在进行材质选择时，设计师需要全面考量产品的定位、风格以及目标用户的喜好和需求，以确保选择的材质能够与产品的整体设计风格相匹配，为用户带来愉悦的使用体验。此外，文化元素的运用也可以指导材质的选择。不同文化背景下，人们对于材质的偏好和理解可能存在差异。例如在中国传统文化中，对于木质材料的偏好较为普遍，因为木材代表着自然、温暖和传统的价值观念。如果产品设计以中国传统文化为主题，那么选择木质材料就更能体现文化的内涵和传统美学。因此，在设计中，设计师需要根据文化元素来选择和判断合适的材质，并根据文化背景对材质的特性进行解读和诠释，以实现产品设计理念和文化内涵的有机结合。

图 5-29　民族面具开瓶器（曾晓燮）

图 5-30 中这款十二生肖回形针是以土家族西兰卡普壁挂中的生肖图案为原型进行设计的文创产品。生肖图案经过再设计后，变得更加简洁、生动和优美，具有浓厚的文化氛围和艺术魅力。在材质的选择上，这款文创产品采用了金属材质。因为金属材质具有优良的韧性和可塑性，因此金属材质能够高度还原生肖形象。准确地展现生肖图案的细节和线条，使得生肖形象栩栩如生，让人一目了然。同时，金属材质具有良好的耐用性和稳定性，可以多次重复使用而不易变形。这意味着这款回形针不仅具有装饰性，还能满足人们的日常办公需求，成为实用性与美观性兼具的文创产品。金属材质的质感和光泽度也能为产品增添奢华感、现代感和精致感，使其更具观赏性和收藏价值。这样的材质选择不仅能够吸引消费者的眼球，还能够提升产品的整体品质和档次感。金属材质还具有较好的环保性，符合现代社会对可持续发展和环境保护的重视。相比于一次性塑料制品，金属材质更易于回收再利用，减少了对环境的负面影响。因此，选择金属材质作为这款十二生肖回形针的主要材料，不仅能够保证产品的质量和美观度，还体现了对环保理念的积极践行。该设计旨在充分展现生肖图案的美感和文化内涵，同时保证产品的实用性和耐用性。这样的设计选择既体现了对文化元素的尊重和理解，又能够满足现代人们对于美观、实用和高品质产品的需求。

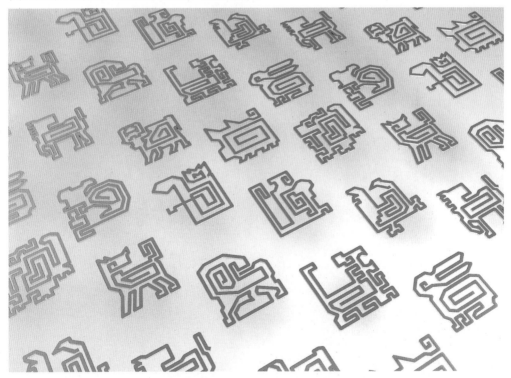

图 5-30　西兰卡普壁挂图案回形针（朱芊铮）

二、质感表现与创新

在文创产品设计中,质感的表现不仅是产品外观的一种属性,更是对产品创意的直观体现。通过巧妙地利用材质的特性和加工技术,设计师可以赋予产品丰富多彩的质感效果,从而实现对创意的生动表达。质感的创新可以通过不同材质的选择和搭配来实现。设计师可以根据产品的主题和设计理念,精选合适的材质,并将它们巧妙地组合运用,以达到丰富质感的目的。不同的表面处理方法和纹理设计手法能够赋予产品独特的触感和视觉效果(图5-31)。采用抛光处理的金属材料会呈现出光滑细腻的质感,而采用喷砂处理的玻璃材料则会呈现出磨砂般的朦胧感,每一种表面处理方式都能够为产品带来独特的触感和视觉效果。质感的创新可以通过材料的新颖运用和加工技术的创新来实

图 5-31 立体生日贺卡(Me & McQ)

现。例如，通过光影效果的运用来实现质感的创新。合理的光线反射、折射和光学原理的应用，可以在灯具产品表面产生丰富的光影效果，使产品呈现出立体感和层次感，利用透光材质和灯光的投射，打造出迷人的光影效果，使产品更具观赏性和装饰性。质感不仅可以为产品赋予独特的观感和触感，更可以通过与主题和创意的契合，增强产品的表现力和吸引力。因此，在文创产品设计中，应充分发挥质感的创新潜力，以实现产品设计理念的最佳表达。

图 5-32 是一款以水族马尾打籽绣背儿带为文化元素设计的耳机包，体现了贵州三都水族的传统工艺和独特文化。水族马尾打籽绣背儿带以其绚丽的色彩和精湛的手工技艺而闻名，一面兜住生命的传承，一面展示民族的美学，其主体纹饰常采用蝴蝶或凤凰等图案，展现出浓郁的民族风情。而这一传统工艺应用在耳机包设计中，不仅为产品注入了浓厚的文化氛围，也为用户带来了独特的视觉和触感体验。在材质的选择上，设计师将水族马尾打籽绣与皮革质感相结合，形成了材质上的质感对比。水族马尾打籽绣带来的丝绸般的光泽和丰富的色彩与皮革的质感形成鲜明对比，既突出了传统工艺的朴素和精致，又赋予了产品时尚的现代感。这种材质的创新和结合，不仅体现了对传统工艺的尊重和传承，也展现了对现代审美的理解和创新。在产品形态上，耳机包巧妙地结合了水族马尾打籽绣的图案和背儿带的形态特征，使得产品在外观上更具民族特色和独特韵味。马尾绣图案的运用不仅使得产品更加具有辨识度和个性，也为用户带来了视觉上的愉悦和享受。同时，背儿带的设计使得产品更加实用和便携，符合用户对于功能性和实用性的需求。背儿带这种几乎出现在诸多民族传统育儿方式中的

图 5-32　以水族马尾打籽绣背儿带为文化元素的耳机包（刘雨桐）

辅助性工具，同时也是母爱如山般坚韧高大的例证。该设计通过材质的质感表现和形态的创新，展现了对传统文化的尊重和创新理念。

三、文化元素与材质搭配

文化元素作为设计灵感的源泉，不仅体现了产品的文化底蕴和历史内涵，还承载了特定的情感和价值观，材质与文化元素的匹配应深入分析文化元素的类型、属性和功能，以及材质的特性和适用性。材质就是文化元素的外在皮肤，不同类型的文化元素需要不同材质的展现来实现理想的视觉表现效果。若文化元素展现出古朴、典雅的特点，那么自然质感和传统工艺感的材质可能更适合，如木材或陶瓷；而若文化元素强调现代、时尚的风格，则应选用科技感和时尚感更强的材质，如金属或塑料。设计师可以通过选择合适的材质来强调产品所要表达的情感和风格，从而提升产品的整体艺术性和审美价值。同时，需要考虑文化元素的功能性需求：有些文化元素可能是装饰性的，主要用于点缀或装饰产品；有些可能具有实用性，需要选择耐用、易于加工的材质，以保证产品的实用性和耐用性（图5-33）。

图5-34所示的这款文创产品以因努伊特石堆为设计灵感，将其原有形态巧妙地融入设计之中，突显了其独特的文化元素。因努伊特石堆的形状可以是简单的柱状、圆锥形或人形等，用于标记重要的地

图 5-33　卡若文化双体陶罐剪刀（邱欣妍）

点、指示方向、标示捕鱼或狩猎场所等,在因纽特人的日常生活中具有重要意义,代表着他们的智慧、生存技能和文化传统。该设计将因努伊特石堆的独特造型与玻璃材质相结合,是文化元素与材质搭配的创新尝试。在外形设计上,产品保留了因努伊特石堆的原始造型特征,以其独特的形状和结构作为设计灵感,突出了因努伊特文化的特色和传统。同时,通过对玻璃材质的运用,将因努伊特石堆的形象以玻璃碎片的方式再现,使得产品在视觉上呈现出独特的美感和质感。由于选择的每片玻璃碎片均略有不同,因此烧制后使得每个产品都具有独一无二的外观和特点,呈现出丰富多样的效果,增加了产品的观赏性和收藏价值。玻璃材质的透明度和光泽度使得因努伊特石堆的造型更加清晰生动,同时也增添了令人惊叹的美感。玻璃碎片的透明质感呈现出独特的光影效果,与因努伊特石堆造型相得益彰,为产品增添了一分神秘和璀璨。这款因努伊特石堆通过玻璃材质的选用和独特的制作工艺,使得产品在外观和质感上都达到了令人满意的效果,展现了文化元素与材质搭配的新颖魅力。

图 5-34 因努伊特石堆玻璃材质文创产品

四、可持续性与环保材料

设计师在选择材质时,需要意识到材料选择对环境和可持续性的影响。部分传统的材料可能会产生大量的废弃物和污染,而环保材料更加注重资源的循环利用和环境保护。因此,设计师应该尽量选择那些具有良好的可持续性和环保特性的材料,以减少对环境的负面影响。现代消费者越来越关注环保和可持续发展，他们更愿意选择那些使用环保材料制成的产品。因此，通过使用环保材料，设计师不仅可以满足消费者的环保需求，还能够提升产品在市场上的美誉度。探索设计能够被重复利用的文创产品，也是可持续性的表现之一，例如可拆卸和组装的家具、可重复使用的积木玩具等。这些产品不仅使用寿命更长，减少废弃物的产生，还能够为消费者提供更便利和经济实惠的使用体验。设计师还可以选择可再生的材料来作为文创产品的材料。例如，利用可再生的竹材、麻材等植物材料制作家具、餐具和装饰品。这些材料天然、环保，并且具有独特的质感和美观效果，能够吸引消费者的关注和喜爱。从文创产品设计的角度来看，选择环保材料不仅符合现代消费者的需求和趋势，还能够为产品带来市场竞争力、创新性和社会责任感（图 5-35）。

图 5-35　美国金融博物馆装进玻璃瓶的硬币

例如瑞士时尚环保品牌 Freitag 的产品设计着重于可持续性与环保，这一理念贯穿于他们的整个设计和生产过程中（图 5-36）。Freitag 的产品以废弃的卡车篷布等工业材料为原料。这些材料原本是被丢弃的废弃物，但经过重新利用和再加工，被赋予了新的生命。这种材料的再利用不仅减少了对新原材料的需求，也减少了对环境的负面影响。Freitag 的产品设计着眼于可持续性，通过使用废弃材料进行制作，将资源的再利用最大化。卡车篷布、汽车安全带等工业材料具有耐用性和防水性，适合制作各种背包产品。经过清晰和个性化的设计，这些产品不仅耐用，而且具有独特的外观和纹理，每一件产品都是独一无二的，因为每块篷布都有其独特的颜色和图案。这种设计理念强调了资源的循环利用，减少了对环境的压力。除了卡车篷布外，他们还使用其他可再生的材料，如回收的废旧自行车内胎等。这些材料都能够有效减少对自然资源的消耗，降低了碳排放和能源消耗。Freitag 的产品设计与环保理念相结合，不仅在材料的选择上注重可持续性，也在产品寿命和维护方面考虑周全。他们设计的产品不仅耐用，还考虑到了用户的使用习惯和需求，使得产品具有更长的使用寿命。此外，产品的维护和修复服务也为用户提供了更好的使用体验，减少了因损坏而被迫淘汰的情况，延长了产品的使用周期。这一设计理念不仅体现了对环境和社会责任的关注，也为消费者提供了一种更环保、更可持续的时尚选择，受到青年和环保人士的青睐。

图 5-36　Freitag 产品及卖场

第五节　情感共鸣

　　情感共鸣在文创产品设计中是一个至关重要的议题。情感共鸣指的是文创产品能够引发观众内心深处的情感共鸣和情感共振，使其产生强烈的情感体验和情感连接。这种共鸣不仅仅是简单的情感表达，更是文创产品与观众之间建立起的情感互动和情感沟通。情感共鸣的实现涉及多个层面和因素，其中包括文创产品的主题选择、情感表达方式以及观众个体的情感体验和情感认知等。一个引人深思的主题能够激发观众的情感共鸣。设计师应通过巧妙的情感表达方式，如色彩搭配、构图设计、故事叙述等，使文创产品具有更深层次的情感内涵和情感表达，引发观众的情感共鸣（图 5-37）。然而，不同的观众可能对同一文创产品产生不同程度的情感共鸣，这与他们的个人经历、情感状态和文化背景等因素密切相关。情感共鸣不仅可以提升文创产品的艺术品质和审美价值，还

图 5-37　云南瓦猫文化图形设计（林心玫）

可以深刻地触动观众的内心，引发其对文创产品的情感连接，从而增强作品的影响力和传播力，最终实现设计目标。因此，在文创产品设计中，设计师需要综合考虑主题选择、情感表达方式以及消费者个体的情感体验和情感认知等因素，以实现通过文创产品达到情感共鸣的最佳效果。

一、情感诉求分析

情感诉求指的是文创产品所要表达的情感内容和情感主题，目的是通过情感表达来引发观众内心情感共鸣并实现情感连接。在设计过程中，设计师需要分析目标受众的情感需求和情感认知。不同的人群具有不同的情感体验和情感认知，因此，设计师需要深入了解目标受众的情感需求，以及他们对于情感内容的接受程度和理解能力。同时，设计师需要明确文创产品所要表达的情感主题和情感内涵。情感主题是所要传达的核心情感内容，情感内涵是情感主题所包含的具体情感元素和情感表达方式。只有深入分析情感主题和情感内涵，才能把握文创产品的情感表达方向和核心意义。文创产品中情感的表达方式是指设计作品通过什么样的手段和方式来表达情感内容，情感效果是指受众对于情感表达的接受程度和情感共鸣程度。设计师需要选择合适的情感表达方式，以实现理想的情感效果。情感表达使消费者不仅关注到文创产品的外观样式，更使其领悟到产品的文化内涵和文化价值所在，达到以情动人。设计师需要深入分析情感诉求的目的和意义，以确定设计方向并实现设计目标。综上所述，文创产品设计中需辩证思考情感需求、情感主题、情感内涵、情感表达方式和情感效果、情感诉求的目的和意义。只有通过深入分析情感诉求，设计师才能够准确把握设计方向，实现设计目标，赢得观众的情感共鸣和情感连接（图 5-38）。

图 5-38　胡乐、铜鼓、陶罐元素棒棒糖

图 5-39 所示的文创设计作品灵感源自玛雅文明的历法系统，在该系统中最重要的是卓尔金历（Tzolkin）。卓尔金历是一个由 260 天组成的周期，与 365 天历法的哈布历相结合，形成了持续 52 个哈布历周期的同步循环，被称为历法循环。这件作品将消费者的生日通过计算，折算成玛雅日历的生日，并通过玛雅文明的象形文字进行编排，印刷在一张传统的莎草纸上。通过这样的设计手法，使得消费者能够以玛雅日历的形式感受到自己生日的特殊意义，与玛雅文明的历史和文化产生情感联系。生日作为人生中特殊的日子，与玛雅文明这样一个古老而神秘的文明联系在一起，给人一种独特的情感体验和体会。用玛雅文明的象形文字进行编排，使得这件作品不仅具有历史文化的价值，还增加了神秘感和探索的乐趣。消费者在阅读玛雅文明的象形文字时，会产生一种神秘和奇妙的感觉，这种情感体验会进一步增强消费者对这件作品的情感认同和情感投入。莎草纸作为一种古老而传统的材料，与玛雅文明的历史和文化相得益彰，也为这件作品增添了古朴和典雅的情感色彩，进一步引发了消费者对历史文化的情感回忆和情感体验。

图 5-39　玛雅日历生日卡

二、情感元素与文化元素

在文创产品中,情感元素和文化元素之间存在着密切的关系。文化元素作为文创产品设计的重要灵感来源之一,通常承载着丰富的情感内涵和文化意义。文创产品通过挖掘、解读和表达文化元素,来唤起人们的情感共鸣和情感体验。文化元素本身就是一种情感的载体。不同的文化元素往往与特定的情感和情绪联系紧密,通过运用具有代表性的文化元素,可以直接触及人们内心深处的情感,唤起他们对于文化传承和情感认同的共鸣。设计师在创作文创产品时,往往会借助情感元素来加深对文化元素的理解和诠释。通过对情感元素的巧妙运用,设计师可以更加生动地表达文化元素所承载的情感,并赋予产品更加丰富的情感内涵。在设计中情感元素的融入与表达需要注重以真情实感建立情感连接。设计师应该通过对目标用户群体的情感需求和情感体验的理解,确保所融入的情感元素能够与用户产生共鸣和连接。这就要求在设计过程中保持情感的真实性和纯粹性,避免过度商业化和虚假矫揉,以确保产品所表达的情感能够真实地触动用户的内心。文化元素为情感元素提供了丰富的灵感和素材,而情感元素则为文化元素赋予了更加深刻的情感内涵和生命力。二者的相互作用和融合,使得文创产品不仅具有鲜明的文化特色,更能够触动人们内心的情感共鸣,产生深远的影响(图5-40)。

图 5-40 凌家滩文化玉人收纳盒(陆智敏)

图5-41中的系列文创产品是伦敦地铁百年前海报的复制品,这些海报见证了伦敦地铁的发展历程,体现了乘客和地铁之间的情感元素与文化元素的交融。这些海报不仅是简单的广告宣传,从今天看更是一份关于城市发展和社会变迁的历史文献,蕴含着丰富的情感和文化内涵。海报作为乘客与地铁之间情感交流的载体,反映了乘客对地铁的

依赖和情感寄托。随着时间的推移，伦敦地铁成为城市生活的重要组成部分之一，而这些海报则见证了乘客与地铁之间的共同成长与情感连接。海报中的图像和文字，无论是对地铁服务的赞美还是对伦敦城市生活的描绘，都在向乘客传递着情感信息，唤起着他

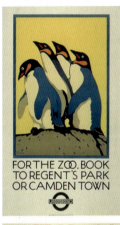

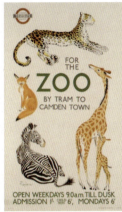

图 5-41　伦敦地铁海报文创产品

们对城市和地铁的归属感和认同感。伦敦地铁海报的设计师都是当年著名的艺术家,其作品具有一定的历史价值和收藏意义。这些设计师通过精心的创作,将伦敦地铁的形象和服务准则以独特的艺术形式呈现出来,塑造了伦敦地铁的品牌形象和文化符号。复制这些海报不仅是对设计师的致敬,更是对历史的回顾和文化的传承,让当代人能够感受到当年的艺术风格和时代气息。伦敦地铁海报的主题丰富多样,涵盖了伦敦地铁自身的宣传和伦敦各动物园的推广等。通过这些海报,乘客不仅能够了解地铁的服务和线路,还可以了解到伦敦的历史、文化和旅游资源,增加了乘客的文化娱乐体验。海报的直接销售方式也是一种情感交融,乘客通过购买这些海报,将自己与地铁和城市的情感联系进一步拉近。这些伦敦地铁百年前海报的复制品不仅是一种文创产品,更是一份关于城市历史和文化的见证,体现了乘客与地铁之间的情感交流。通过这些海报,人们能够感受到时代的变迁和城市的发展,感受到地铁这一城市交通工具的重要性和特殊意义。西方社会历来有收藏海报的传统,在历史上也出现数次海报收藏热潮,因此,这些海报的复制品具有重要的历史意义和文化价值,值得珍藏和传承。

三、 故事性与情感表达

文创产品设计中的故事性与情感表达直接影响着产品的吸引力和用户体验。故事性指的是产品背后所蕴含的故事情节或情感叙事;情感表达是将设计师的情绪、情感融入产品之中,通过色彩、形态、材质等方面的设计表达,将情感内涵传递给用户,引发其情感共鸣。通过故事情节的设计或复盘,构建一个富有情节和内涵的故事背景,设计师可以为产品赋予更加生动的形象和深刻的内涵。故事情节的展开、人物角色的塑造以及事件发展的设置,均能够吸引用户的注意力,激发他们的情感共鸣和参与感。故事性不仅可以激发用户的好奇心和想象力,还能够深入人心,留下深刻的印象。情感表达是故事性的延伸和体现。故事情节的叙述和情感表达,可以唤起用户内心深处的情感共鸣和情感体验。情感表达不仅可以让用户更加深入地理解和体验产品所传达的情感,还能够增强用户的情感参与和作品的互动性。故事性与情感表达相辅相成,共同构成了文创产品设计的核心竞争力。通过情感表达,设计师能够在产品与用户之间建立起更加密切的情感联系,引发用户的共鸣和共情。故事性为产品赋予了独特的个性和魅力,而情感表达则加深了用户对产品的情感认知和体验,使产品更具有吸引力和感染力。二者的结合,不仅可以提升文创产品的市场竞争力,还能够为用户带来更加丰富和深刻的情感体验,为产品赋予更加深刻和丰富的内涵,引领消费者进入一个充满故事与情感的奇妙世界(图5-42)。

图 5-42　西藏羌姆面具再设计（肖奥涵）

图 5-43 所示的这件文创设计作品从白族扎染技艺的角度出发，通过故事性与情感表达，展现了扎染的完整流程，旨在传承和弘扬这一独特的民族文化现象。设计的目的不仅在于呈现扎染的工艺流程，更重要的是通过 IP 卡通人物情感表达，吸引年轻人了解和喜爱扎染文化，并学习扎染技艺。首先，作品通过插画的表现方式对扎染技艺进行了绘制。这一阶段着重于帮助年轻人理解扎染的传统工艺和流程，探索其中蕴含的文化内涵和艺术价值。在这个过程中，通过插画等方式，将扎染的每个步骤、每个细节都生动地呈现出来，以便更好地传播扎染技艺。随后，将二维插画转化为新型的三维立体设计。这一过程不仅是对扎染技艺的传承，更是对创意的发挥和表达，运用独特而富有创意的方式，将扎染的流程以立体的方式呈现，以形象生动的人物角色来展现每个扎染步骤的场景、工具和情感。每个人物都代表着扎染流程中的一个环节，他们身着白族特有的服饰，以此彰显扎染技艺的传统和独特性。在设计中注重保留原汁原味的白族扎染技艺，力求在创新的同时不失传统的精髓。人物的衣着、姿态和表情都紧扣扎染技艺的实际操作，让观众能够身临其境地感受到扎染技艺的魅力和饱满的情感，激发他们对扎染文化的热爱和兴趣，进而促进这一传统技艺的传承和发展。这件文创设计作品通过故事性的呈现和情感表达，将白族扎染技艺生动地展现在观众面前，既传承了传统文化，又融入了创新元素，具有重要的文化价值和艺术意义。

图 5-43　白族扎染技艺文创产品设计（徐中文）

四、情感体验设计

　　情感体验设计需要深入挖掘产品背后的情感诉求和用户情感需求。通过对目标用户群体的情感特点和偏好进行深入分析，设计师可以了解到用户对产品所期待的情感体验，从而有针对性地进行设计和创新。情感体验的创造需要设计师运用多种设计技巧和手法，以增强产品的情感表达和情感连接。情感体验设计的核心在于通过产品的使用过程、互动体验和情感互动，创造出深入人心的情感连接和体验。情感体验设计需要关注产品的使用过程，以确保用户在使用产品时能够产生积极的情感体验，通过优化产品的功能设计和操作流程，使用户能够轻松愉悦地使用产品，从而增强用户的满意度和情感认同。情感体验设计也强调互动体验的重要性，即用户与产品之间的情感互动。设计师需要通过文创产品的界面设计、声音效果、互动方式等方面的创新，引导用户建立起与文创产品之间积极而深入的情感连接，从而激发用户的情感共鸣和情感参与。同时，情感体验设计还需要重视情感互动的建立和加强，通过品牌故事、用户体验设计等手段，在用户与文创产品之间建立起更加紧密和深入的情感互动，使用户在使用产品的过程中产生更加丰富和深刻的情感体验，从而提升文创产品的情感价值（图5-44）。

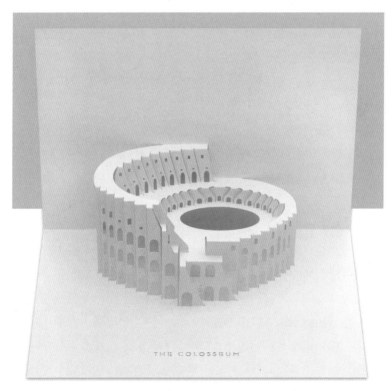

图 5-44　罗马斗兽场立体贺卡

例如动物园主题文创设计作品，从情感体验设计的角度出发，精心打造了一个充满趣味与探索的奇幻世界，旨在为3~4岁幼儿的目标受众提供丰富多彩的情感体验。作品分为三个主题，分别为"疯狂小镇""丛林游乐场""追击海盗王"。"疯狂小镇"主题作品设计了一个开放式城堡型建筑组合和七个可爱的动物单体，构成了一个平凡而又多姿多彩的小镇，为幼儿提供了一个充满想象和探索的空间（图5-45）。该作品以鲜明的动物个体为特色，每个动物都具有鲜明的特征和个性，如时髦的鸭大婶一家、护短的鸡妈妈一家、帅气的狮伯爵等。这些可爱的动物形象直接吸引了幼儿的关注与喜爱，激发了他们的情感共鸣和好奇心。"丛林游乐场"主题作品设计了三个建筑组合与五个动物单体，建筑是游乐场设施与丛林元素的结合（图5-46）。这件作品中，建筑物的开放性与延展性也更为突出，更适合年龄稍大些的儿童使用。作品中的设施既是动物们的娱乐场所，又是它们的居住环境，一切的形态都是从树干、树墩、树叶演变而来的，充满大自然的气息。几个形象鲜明的动物一起开始了丛林游乐场的故事，在笑声中嬉戏，在大自然的怀抱中畅游。"追击海盗王"主题作品设计了两个建筑组合与七个动物单体（图5-47）。建筑是开放式海礁建筑与船屋型建筑。动物单体分别包括两个对立的团体，其中之一是海军舰队，代表着正义与勇气。这个舰队由足智多谋的海鸥舰长率领，海鸥舰长有两个得力助手，分别是经验丰富的海洋专家龟博士和英勇善战的谈判专家海星勇士。它们的任务便是捕捉恶名远扬的海盗团伙——海盗王。作品整体色调是红蓝色调，蓝色表现海洋环境的特色，红色的运用烘托了"海军舰队"与"海盗王"组织之间一触即燃的激烈气氛。

　　这套作品的结构简单明了，通过互动体验的方式进行情感链接。动物元素采用难度较低的拼接方式，适合幼儿手部动作协调能力的发展特点，使得幼儿能够轻松地参与其中，享受到完成作品的成就感，从而增强他们的自信心和积极性。这种情感互动设计使得幼儿能够快速上手，从而更加愿意参与到游戏和学习中去。此外，作品的故事线索清晰，情节简单易懂，能够被幼儿轻松理解和接受。每个动物家族都有自己独特的故事和角色，它们之间的互动和冒险充满了趣味和想象，为幼儿提供了一个丰富多彩的情感体验的场景。通过参与故事情节的展开，幼儿不仅能够感受到不同情感的表达，还能够运用想象力和创造力，激发出他们对世界的好奇心和探索欲望。作为一款情感体验设计的文创产品，通过引人入胜的动物形象、简单易操作的拼接设计和丰富多彩的故事情节，为幼儿提供了一个充满乐趣和情感交流的玩耍空间。这种设计不仅激发了幼儿的创造力和想象力，还培养了他们的合作意识和社交技能，为其成长过程中的情感发展和认知发展提供了有益的支持。

图 5-45 动物园"疯狂小镇"主题文创设计(池英、刘骁)

图 5-46　动物园"丛林游乐场"主题文创设计（池英、刘骁）

图 5-47 动物园"追击海盗王"主题文创设计（池英、刘骁）

参考文献

[1] 沈婷，郭大泽. 文创品牌的秘密：从创意、设计到营销 [M]. 南宁：广西美术出版社，2017.

[2] 王福州. 非遗文化形态学 [M]. 北京：中国文联出版社，2019.

[3] 丁伟. 文创设计新观 [M]. 北京：北京理工大学出版社，2018.

[4] 李杨，钟蕾. 文化创意与旅游产品设计 [M]. 北京：中国建筑工业出版社，2015.

[5] 张彰，臧国超. 非遗文化创意产品设计 [M]. 北京：机械工业出版社，2023.

[6] 张颖娉. 文化创意产品设计及案例 [M]. 北京：化学工业出版社，2020.

[7]《日经设计》编辑部. 日本文具文创设计 [M]. 邓召迪，译. 北京：机械工业出版社，2021.

[8] 姚湘，胡鸿雁. 文化创意产品设计 [M]. 北京：北京大学出版社，2020.

[9] 周承君，何章强，袁诗群. 文创产品设计 [M]. 北京：化学工业出版社，2019.

[10] 白藕. 新时代文创产品设计 [M]. 北京：清华大学出版社，2023.